新时代数字出版与专业人才多元化培养研究

XINSHIDAI SHUZI CHUBAN YU ZHUANYE RENCAI
DUOYUANHUA PEIYANG YANJIU

章 毅·著

江苏大学出版社
JIANGSU UNIVERSITY PRESS

镇 江

图书在版编目（CIP）数据

新时代数字出版与专业人才多元化培养研究 / 章毅
著 . —镇江：江苏大学出版社，2023.12
ISBN 978-7-5684-2171-3

Ⅰ.①新… Ⅱ.①章… Ⅲ.①电子出版物—出版工作
—人才培养—研究—中国 Ⅳ.① G237.6

中国国家版本馆 CIP 数据核字 (2023) 第 255959 号

新时代数字出版与专业人才多元化培养研究

著　　者 / 章　毅
责任编辑 / 李经晶
出版发行 / 江苏大学出版社
地　　址 / 江苏省镇江市京口区学府路 301 号（邮编：212013）
电　　话 / 0511-84446464（传真）
网　　址 / http://press.ujs.edu.cn
印　　刷 / 苏州市古得堡数码印刷有限公司
开　　本 / 710 mm × 1 000 mm　1/16
印　　张 / 12.25
字　　数 / 207 千字
版　　次 / 2023 年 12 月第 1 版
印　　次 / 2023 年 12 月第 1 次印刷
书　　号 / ISBN 978-7-5684-2171-3
定　　价 / 58.00 元

如有印装质量问题请与本社营销部联系（电话：0511-84440882）

前　言 | FOREWORD

信息技术的发展影响着人们的生产生活，各行各业都受到一定冲击，也带来了出版业的革命性变化。在很长一段时期内，人们接收的知识与信息基本都来自传统出版的各种书籍报刊。传统出版以纸张作为介质实现内容的承载，形成了一套完善的图书编辑加工、印刷、推广流程。传统出版业保障人们的精神文化生活，给人们源源不断地带来知识，其贡献是值得肯定的。然而，数字化信息技术的出现、计算机及通信技术的发展如骤雨般冲击了整个传统出版行业，在信息技术的支持下，文字、图片等依靠传统纸质媒体呈现的信息以二进制数字代码的新形式出现，并以数字化的方式被存储、传输与再现，各种基于新的信息处理技术出版的产品开始出现在人们面前。

在互联网时代，传统出版对大众的影响逐渐式微，网络将人们连接在一起，海量的信息让人们目不暇接，智能手机、平板电脑成为大多数年轻人接收信息的终端，传统出版业不得不开始数字化转型，数字出版也在经历桌面出版、电子出版、网络出版等数字化出版前奏后被推上历史舞台。数字出版这一新生事物在出版界诞生以来就持续不断地高速发展，它是一种内涵丰富的出版形态，既是出版形式、出版技术的数字化，也是传播方式、接收过程的数字化。数字出版作为未来出版业发展的主要路径与形态，在信息"大爆炸"的新时代有着良好的发展前景。同时，应当看到在传统出版的余晖下，数字出版的发展需要大量专业人才支持，人才是数字出版得以持续发展的根本动力。鉴于此，笔者在参考大量文献资料的基础上，精心撰写了《新时代数字出版与专业人才多元化培养研究》一书。

本书共有五章。第一章是全书的开篇，主要论述了数字出版的基本概念与历史发展脉络，分析了数字出版的主要特点及优势。第二章从形态的角度探索了数字出版发展过程中传统出版物的数字化延伸形态，也对基于网络的各种新兴出版物进行了较为详细的分析。在信息化程度不断提高的当今社会，数字出版已然成为一种备受关注的出版形式，在国内外都已经取得了一定的发展成果。第三章针对数字出版的发展现状，从国内外两个角度进行了较为详细的论述，同时对新时代数字出版的发展趋势进行了分析。要推动数字出版向着产业化方向不断发展进步，离不开充足的人才保障。第四章以数字人才培养为重点，分别论述了数字出版的人才培养需求、人才类型及数字出版人才应该具备的知识能力结构。新时代，数字出版人才培养实践稳步进行，在实践过程中也出现了一些比较突出的问题，需要采取一定措施予以解决。于是第五章就针对数字出版专业人才培养的实践情况、出现的问题及如何优化等内容进行了较为细致的论述。

本书的特点主要表现在以下几个方面。首先，布局合理，论述全面。本书聚焦数字出版及其产业化发展过程中的人才培养，以基本概念及发展历史为开篇，以主要形态为承接，以对发展现状与趋势的论述点明数字出版在当前及未来出版行业中的地位，从而为数字出版领域人才培养相关内容作铺垫。因此，从整体上来看，本书在布局上显得较为合理。其次，关注当下，着眼未来。本书就数字出版及其相关人才培养的现实状况进行了论述，从现状中找线索、看问题，摸清了数字出版的未来发展趋势，对相关人才培养的问题予以了正面回应，力求为数字出版在未来实现更大发展贡献绵薄之力。

本书在撰写过程中参考了出版领域的大量研究文献，也得到了一些好友的帮助，笔者的家人也在此期间默默地给予支持，在此表示由衷的感谢！由于笔者水平有限，书中存在缺漏在所难免，恳请广大读者及专家指正。

目　录 | CONTENTS

第一章

数字出版的内涵

数字出版是随着信息化、数字化技术的发展而在出版业兴起的一种新的出版形态，在书刊及其他文化内容产业中产生了重要影响，是在出版业出现的一次前所未有的创新革命。理解数字出版对当今从事出版工作的人员来说是极其必要的，因此本章从数字出版的概念、发展历史、特征与优势等几个方面较为详细地论述了数字出版的内涵。

第一节 数字出版的相关概念分析

"数字出版"这一概念被提出以来，学界及出版行业对其的研究就一直在进行。可以肯定的是，数字出版是伴随科学技术发展而产生的一种新的出版形式，但人们对其概念的理解还存在较大的分歧，是基于技术角度还是基于传播角度去理解数字出版，目前仍存在争议，当前对这一概念的理解逐渐向综合化方向发展。这一节将对数字出版这一概念进行解读，同时对与数字出版相关的几个概念进行辨析。

一、数字出版

"数字出版"单从字面上理解可以是"数字资源的出版"，也可以是"出版的数字化"，究竟采取哪一个角度来理解数字出版在很长一段时间内没有形成共识，因此较难给出一个准确的定义。虽然随着出版业数字化进程的不断推进，出版学术界及产业界对数字出版的论述和研究不断深入，但对于数字出版的界定仍存在争论。郝振省在《2005~2006中国数字出版产业年度报告》中认为"数字出版是用数字化二进制的技术手段从事出版活动"。还有人将数字出版分为广义和狭义，从广义上分析，数字出版包含范围十分广，只要在出版行业的任一环节中使用数字技术就可以被认为是数字出版；从狭义上分析，数字出版主要是指具有出版资质的单位利用数字技术从事的出版生产活动。[①]进一步来讲，狭义的数字出版专指数字图书、数字报纸、数字期刊、手机书报、手机音乐、数据库出版物、电子书、数字音像制品、网络游戏、动漫产品等具体形态。2010年，新闻出版总署指出数字出版的内涵及其特征：数字出版是指利用数字技术进行内容编辑加工，并通过网络传播数字内容产品的一种新型出版方式，其主要特征为内容生产数字化、管理过程数字化、产品形态数字化和传播渠道网络化。目前数字出版产品形态主要包括电子图

---

① 梁徐静：《数字出版与知识付费》，中山大学出版社，2020，第3页。

书、数字报纸、数字期刊、网络原创文学、网络教育出版物、网络地图、数字音乐、网络动漫、网络游戏、数据库出版物、手机出版物（彩信、彩铃、手机报纸、手机期刊、手机小说、手机游戏）等。[①]该定义从管理者的角度解释数字出版，但应该指出的是数字内容产品的传播途径并非局限于网络。

从技术角度来看，数字出版应该是在出版的整个过程中，从编辑、制作到发行，所有信息都以统一的二进制代码的数字化形式存储于光、磁介质中，信息的处理与传递必须借助于计算机或类似设备来进行的一种出版形式。这种对数字出版的认识由北京大学谢新洲教授提出，[②]谢新洲教授在论及出版技术发展时对数字出版做了上述解释。这样理解，狭义的数字出版就是内容原创作品的数字化、编辑加工的数字化、阅读消费的数字化。还有一种观点强调二进制技术贯穿整个出版流程的就是数字出版。葛存山等人认为，数字出版就是采用二进制数字代码创建、存储、传输、再现和管理数字内容的出版方式与活动。[③]后来，贺子岳在谢新洲定义的数字出版的基础上又稍作调整，认为数字出版是指在整个出版过程中，从编辑、制作到发行，所有信息都以统一的二进制代码的数字化形式存储于光、磁等介质中，内容传播借助网络或者传统的发行方式（如光盘售卖），而读者通过计算机或其他终端设备来阅读和视听的一类出版活动。他将电子出版、网络出版等概念纳入数字出版。[④]无疑，承认技术在数字出版中的重要作用及其带来的巨大变化，有利于从本质上认识数字出版与传统出版的不同，更好地把握数字出版的特质；但是如果过于强调技术的作用，对数字出版整个过程，尤其是不同数字出版环节间相互作用的认知和理解便会出现某些偏差。

从传播的角度来看，数字出版是内容提供商将著作权人的作品数字化，经过对内容的选择和编辑加工，再通过数字化的手段复制或传递到某种或多种载体上，以满足受众需要的行为。这是从信息传播的角度分析数字出版的诸多要素，如信息是数字化的作品，传播者是著作权人或内容提供商，编码是数字化的手

① 新闻出版总署：《新闻出版总署关于加快我国数字出版产业发展的若干意见》，https://www.gov.cn/gongbao/content/2011/content_1778072.htm，访问日期：2023年1月15日。

② 谢新洲：《数字出版技术》，北京大学出版社，2002，第5页。

③ 葛存山、张志林、黄孝章：《数字出版的概念和运作模式分析》，《北京印刷学院学报》2008年第5期。

④ 贺子岳：《数字出版形态研究》，武汉大学出版社，2015，第10页。

段，渠道是不同的数字载体，受众是信息的解码者。并将数字出版定义为数字化作品的传播过程，从编码、解码、渠道等方面解释了数字出版的特征，强调了数字化的重要性，兼顾了对受众的考虑。虽然这种看法关注了数字出版过程的信息流向，但忽略了数字出版过程中重要的资金流、商流、物流等。

从出版生产的角度看，数字出版是利用数字技术进行内容生产，并通过网络传播数字内容产品的活动，其主要特征是内容生产数字化、管理过程数字化、产品形态数字化和传播形式网络化。这一解释强调内容生产、管理过程、产品形态、传播形式等数字出版生产活动本身。张立认为，数字出版实际上是出版业的流程再造。流程再造以后，出版单位将形成以内容为核心的业务管理模式，是一种全面解决方案。[①]即数字化的出版主要是利用数字出版技术对出版业的各个业务流程进行改造，包括数字化的创作、数字化的编辑加工、数字化的复制发行、数字化的阅读消费等；出版的数字化更多地被业界理解为出版管理的信息化，指利用现代信息技术设备和工具对传统的出版管理系统进行信息化改造，包括编务、出版、印制、发行、财务等出版环节的管理。

国外很少用到"数字出版"这一表达方式，主要使用"电子出版"。电子出版涉及范围十分广，有电子期刊、电子书、视频、音乐等内容。国外与数字出版接近的概念有"数字内容产业"与"数字内容管理"两种，前者是从产业的角度将数字出版作为数字内容生产的一部分，后者是从权利保护的角度将数字出版的内容作为版权管理的一部分。2009年6月在维也纳举行的第17届国际数字出版会议上，澳大利亚学者提出了自己对数字出版的理解："数字出版是依靠互联网，并以之为传播渠道的出版形式。其生产的数字信息内容建立在全球平台之上，通过建立数字化的数据库，达到在未来重复使用的目的。"[②]这个概念的核心是重复使用，即通过建立数字化的数据库使数字内容在互联网环境下重复使用。

随着出版从业者的不断探索以及技术手段的不断发展，数字出版的概念必将日益丰富和明确。本书综合以上关于数字出版的解释，认为数字出版不只是存储介质的数字化，还涉及出版流程和传播载体的数字化、阅读消费和学习形态的数字化等一系列与出版活动相关的元素和坏节的数字化。本书定义的数字出版是在

---

① 张立：《数字内容管理与出版流程再造》，《出版参考》2007年第6期。

② 阎晓宏：《关于出版、数字出版和版权的几个问题》，《现代出版》2013年第3期。

运用信息技术的基础上,实现出版方式革新,以数字化为主要特征,以全媒体为主要形式的一种新型组织、生产、出版方式。在数字出版中,除了基础性的数字技术外,更应关注内容价值的实现。

二、数字出版的主客体

在社会实践活动中,主体既包括个体也包括由个体组成的群体、团体、企业等社会集团,主体具有主观能动性,通过加工、改造活动影响客体。传统出版活动中,出版主体是具有合法地位的出版发行机构,如报社、杂志社、出版社、印刷厂、书店等。数字出版的主体与传统出版活动相比更加多元,具体表现在不同主体的类型更多、同类主体的数量更多、新的主体更易出现等方面。按照作用的不同,数字出版的主体可分为内容生产者、平台运营者、技术提供商。

首先,内容生产者位于数字出版活动的源头,在发现、加工、改造数字出版客体方面具有核心作用。现阶段常见的内容生产者主要有传统出版机构、出版工作室、文学网站、游戏开发机构、数字内容加工企业、博客、门户网站等。其次,数字出版活动中的平台运营者是指除了源头的内容生产者、最终的受众以及贯穿于每个环节的技术提供商之外的所有数字出版活动的参与者。在数字出版活动中扮演平台运营者角色的主体类型颇多,如电信运营商、电子商务平台、终端阅读器生产商、数字图书馆等。最后,技术提供商为数字出版产业化发展提供技术支持,如云存储技术、大数据分析技术等。

客体是主体认识活动和实践活动所指向的对象,是与主体存在一定联系和相互作用的客观事物。数字出版活动中一直与不同类型的主体发生联系并且相互作用的客观事物毫无疑问是数字出版物。数字出版物以统一的二进制代码形式存在并且储存于光、磁等介质中,通过计算机、智能手机、阅读器等类似设备呈现。数字出版物贯穿数字出版的内容生产、传播等各个环节。按照传播途径的不同,数字出版的客体可以分为封装型数字出版物(如磁盘、光盘等)和开放型数字出版物(如网络期刊、数字书报、在线音乐、在线游戏等)。

三、电子出版

电子出版是指具有合法出版资格的出版机构以数字化载体为传播渠道和流通渠道，出版和销售电子出版物的行为。电子出版作为通俗名词一般包括三个方面的意思：其一，指在出版物生产过程中采用计算机排版技术；其二，指不仅生产过程采用电子技术手段，而且其最终产品形式也是电子的，如以磁带、磁盘、只读光盘为信息载体，需要借助计算机等类似设备阅读的电子出版物；其三，指以电子形式传递信息的任何技术，如电子邮件、可视图文等。电子出版物是指以数字代码方式将图、文、声、像等信息编辑加工后储存在磁、光、电介质上，通过计算机或具有类似功能的设备读取使用，用以表达思想、普及知识和积累文化，并可复制发行的大众传播媒体。因此，生产出来的电子出版物是以数字代码的形式进行存储与传播的，介质形态包括软磁盘（FD）、只读光盘（CD-ROM）、交互式光盘（CD-I）、高密度只读光盘（DVD-ROM）、集成电路卡（IC Card）和国家新闻出版署认定的其他介质形态。可以肯定的是，电子出版是数字出版最早的概念形态。

四、网络出版

网络出版是指互联网信息服务提供者将自己创作或他人创作的作品经过选择、编辑、加工，登载在互联网上或者通过互联网发送到用户端，供公众浏览、阅读、使用或者下载的在线传播行为。网络出版与电子出版的区别在于它没有实体的传播介质，依靠网络就能将数字形态的信息传送给需求方，网络出版物与受众接触的媒介是网页与相关程序。

网络出版可分为网络图文出版与网络声像出版。前者的特点是便于检索、浏览，阅读方便，传输时占用带宽较少，技术要求不高。目前全球互联网用户访问的主要内容是简单的图片和文字，人们长期形成的网络消费习惯，上网用户的知识结构、收入状况、生活环境，以及信息基础设施等因素，决定了图文类型的网络出版物占据主流。后者的发展依赖于互联网技术、多媒体技术和宽带接入服务的普及。音像网站从提供简单的互动、下载服务，发展到提供在线实时的流媒体出版物，内容逐步丰富起来，功能越来越强大，已成为网络出版中的一个新亮点和经济增长点，是网络出版的重要组成部分。

网络出版的优势有三点：一是网络出版物的价格要比纸质图书低；二是网络出版物的发行与出版是同步的，即当读者了解书籍信息时可以直接进行阅读；三是读者在选择网络出版物时可以通过网络搜索的方式找到满足自身需求的内容。网络出版的模式是灵活多变的，可以是自出版的模式，如一些作家通过相关网络平台发表自己的作品，这些作家的身份也会发生改变，成为网上的书籍出版商；也可以是网络代销模式，即网络公司通过与出版商建立合作关系，将出版商提供的出版物在网络平台上发行，双方会根据合作条款进行收入分成；还可以是出版商借助网络技术建立平台，独自进行电子图书的发行；抑或是互联网公司开发出相关的读书软件，并将获取版权的图书通过读书软件提供给读者。

网络出版与数字出版的关系密切，网络出版的内容包含在数字出版之内，但网络出版又不完全等同于数字出版，数字出版的外延显然要比网络出版更大一些。

五、跨媒体出版

跨媒体出版是基于传统印刷业发展起来的出版模式，在这一出版模式中，会应用一些先进的印刷输出技术。跨媒体出版的出版内容会通过不同媒体平台进行发布，能够达到这样的效果主要是借助了先进的数字化技术，从而能够让人们在不同媒介视角下获取同一出版内容，这对广大受众来说很好地满足了他们多样化的需求。所谓跨媒体，即横跨平面媒体、磁光介质媒体、网络媒体、移动媒体等多媒体、多渠道平台。这种跨媒体出版的好处是能够实现同一内容的多次增值，比如某些小说作品被拍成了电影，甚至有的被设计成了网络游戏，而作为内容的原始创作者，也会在这些平台上获取相应的利益收入。跨媒体出版与数字出版的联系主要存在于跨媒体中的数字媒体部分，将传统出版物以数字内容形式呈现就是一种数字出版行为。此外，跨媒体出版使用数字化设备也会涉及数字出版的研究内容，虽然跨媒体出版不是数字出版，但数字出版的许多特征都能在跨媒体出版中得到呈现。正是因为数字技术使内容和载体实现了分离，才产生了全新的跨越介质的数字出版。

六、数字复合出版

书籍、期刊、广播、电视、网络如果在出版领域进行整体运作，无疑可以取得更好的社会效益和经济效益，这种整体运作方式就是在数字技术时代才能实现的数字复合出版。在数字时代，单一的图书品种和销售模式不利于出版资源的充分利用，不利于出版社之间的特色强化，不利于出版产业的可持续发展。因此，充分依托出版产业的资源优势，在现有市场基础上实现相关单位的项目合作，积极拓展数字复合出版就成为一种可能。

数字复合出版是基于跨媒体出版发展起来的新型出版理念，在这一出版理念中，出版内容与表现形式能够实现分离，并且出版内容也会被分为多个层次，这样做的目的是满足受众多方面的需求。但是，这些分层次的内容还需要具有极强的关联性，目的是为后续内容的统合奠定基础。复合出版包含的内容涉及各个领域，既包括传统的出版业，也包括当前流行的阅读软件。虽然数字复合出版会用到数字化技术，但一些传统出版物仍旧会保持原来的特色，即使进入阅读软件中，也只是内容的载体发生了变化。数字复合出版是发展数字出版的重要抓手，得到了国家层面的认可。

数字复合出版就是平面媒体、磁光介质媒体、网络媒体，甚至移动媒体等多种载体共存的出版方式。数字复合出版的基本含义是将同一内容发布在多种不同媒体上，不拘泥于出版物的载体。由于新技术的发展和应用，出版物和媒体的界限开始模糊，以介质为依据的划分标准正在被打破。不仅出版业内部的分工正在被打破，跨行业的分工也正在被打破，如手机出版的兴起等。数字复合出版的重要特征之一就是按需出版，即出版机构可根据读者的阅读习惯，定制化地提供同一内容的不同载体的出版物。将来的出版物市场上既不可能是单一的纸质媒体，也不可能是单一的数字媒体，而是包括纸质媒体在内，多种媒体并存，这便是数字复合出版时代。从某种意义上来讲，数字复合出版相较于数字出版的概念理解起来更加方便，兼具了技术与传播的双重特性。

第二节 数字出版的发展历史

数字出版是在信息数字化的过程中出现的，在这一概念被正式提出之前，就已经出现了数字出版的雏形。事实上，数字出版的发展经历了由桌面出版到电子出版，再到网络出版，最终定型为数字出版的过程。这一节将对数字出版的发展历史进行分析。

一、数字出版的起源：桌面出版

探讨数字出版的发展历史，最先应该想到桌面出版，因为桌面出版与数字印前技术有着非常密切的关联。桌面出版曾经是印前技术革命的代名词，是个人计算机和所见即所得排版软件产生的组合功能，主要流程是在计算机上建立出版文档，将图像、文字输入计算机中，利用计算机进行图像的处理与文字、图形的绘制，然后将图形、图像拼合成完整页面，用排版软件进行排版，用页面语言进行描述，利用激光照排机将此电子版面输出，成为晒版原版。桌面出版适用于不同规模的出版需求，在这一出版模式中，计算机等高科技只是作为一种技术媒介出现，主要作用是提高传统出版的工作效率。桌面出版之所以被认为是数字出版的开端，是因为数字出版从广义上来说也是一种桌面出版。

桌面出版产生的准确时间应该是 1985 年，它的出现与苹果公司推出的所见即所得排版软件 MacPublisher 有着密切的联系。由于当时的 MacPublisher 内存仅有 128 KB，仅提供有限的页面组版功能，所以很少有人注意和提到它。[①] 桌面出版市场启动于 1985 年，这一年的 1 月苹果公司推出了 LaserWriter 激光打印机，同年 7 月 Aldus 的 PageMaker 排版软件开始发售，它们的问世无疑是桌面出版或数字印前技术领域的标志性事件。由于市场对计算机文字处理和排版的旺盛需求，PageMaker 成为当时桌面出版的工业标准软件。排版软件在计算机屏幕上直接建

---

① 姚海根、郝清霞、郑亮等：《数字印前技术》，印刷工业出版社，2012，第5页。

立页面版式的能力，以及按 300 dpi 的精度打印页面技术的实现，掀起了排字工业或制版业的一场革命，对个人计算机的发展来说也意义非凡。苹果的 LaserWriter 和 Aldus 的 PageMaker 对现代印刷技术革命功不可没，除图书出版外，报纸和其他印刷出版也纷纷转为使用基于桌面出版的工作流程。虽然 PageMaker 排版软件及 LaserWriter 激光照排机的使用实现了图片、文字处理一体化，提高了效率，但文字处理能力差、电脑运行速度慢、只能黑白显示等问题都成了桌面出版发展过程中的不利因素。

随着电子计算机和信息技术的发展，桌面出版迎来了再次升级，印刷出版技术也逐步由模拟化向数字化转变，传统的胶片制版工艺已经落伍，CTP 技术和数字直接印刷技术出现，桌面出版的输出终端也随之改变。此时的桌面出版又有了较大进步，桌面出版系统与传统工艺相比拥有多种优势。首先是效率的提高，由于桌面出版是一种开放性系统，所以它可以和彩色分色在同一系统中一次性完成，同时图文处理一体化，提高了效率。其次是灵活性，桌面出版系统接口丰富，对设备性能要求不高，可接受传统电分机分色的电子文件，也可驱动传统电分机的胶片记录机。接受标准文本文件格式和各种图形文件格式时，多台工作站能在同一阶段运行。桌面出版系统还可以灵活而方便地解决大量中低档、中小幅面印刷的制版问题。再次是强大的编辑能力，如图形变形、重叠、色彩调整和特殊效果等，完全实现"所见即所得"，且可以随时修改、调整内容。另外，计算机绘图精度高带来了桌面出版绘图准确性的提高。

桌面出版的组成主要分为三个部分，首先是输入设备，包括扫描仪、数码相机等，负责把内容输入计算机中；其次是处理设备，包括计算机、软件等；最后是输出设备，包括照排机、打印机、数字印刷机等。

输入设备的基本功能是通过电子设备对原稿进行扫描、分色并输入系统、录入图文信息并存储在磁盘中。使用较多的电子设备是扫描仪和数码相机，还有目前较先进的数位板、压感笔等电脑绘图输入设备。

加工处理设备统称为图文工作站，基本功能是对进入系统的原稿数据进行加工处理，如校色、修版、排版、拼版和创意制作，并加上文字、符号等，构成完整的图文合一的页面，再传送到输出设备。目前使用的加工处理设备有计算机和工作站等。除了硬件设备外，还需要配套图文加工处理软件。

输出设备是桌面出版系统生成最终产品的设备，主要由打印机、激光照排机（也叫图文记录仪）、电脑直接印刷系统等组成。

二、数字出版的发展：电子出版

从 20 世纪 80 年代开始，国内电子出版在铅排版、激光照排、以页面描述语言为基础的远程传版、新闻信息处理全过程管理等技术的革新中，一改以往传统出版的面貌，迎来了电子化发展的新阶段。

（一）电子出版的兴起

自 20 世纪中叶开始，传统出版就面临着越来越大的挑战，人们不再满足于传统出版呈现信息的方式与容量，这背后也是社会信息传播量猛增带来的影响。当时出版业面临的挑战是多方面的，一是传统印刷媒介无法呈现动态信息；二是在全球化信息传播的大背景下，知识信息的革新不断加速，对传统印刷媒介信息载体较慢的传播速度造成了冲击，后者难以适应社会发展的需要；三是新兴电子媒体的检索阅读方式及快速便捷的优势对传统印刷载体单一的检索方式构成了巨大的挑战；四是传统印刷产业与现代印刷中环保化、节能化、低碳化的生产要求之间存在较大分歧。此外，带有交互功能的多媒体出版物日益流行，一种新的出版传播方式开始被阅读市场所推崇，即计算机信息化功能的成熟，使出版物能够综合运用图文声像技术以满足读者的要求，并将出版物有针对性地提供给用户。

1959 年，美国匹兹堡大学卫生法律中心建立了法律全文检索系统，这是电子数据库的源头。随着计算机磁盘尤其是光盘技术的发展、成熟，早期的电子出版物逐渐形成。1961 年，美国《化学文摘》服务社运用计算机编制了《化学题录》，开创了电子出版的先河，它也是电子出版物的雏形。1965 年，美国国家医学图书馆正式对外发行了《医学文摘》数据库磁带，标志着电子出版物诞生。1972 年，IBM 公司研制出软盘，使电子出版的产品形态转向了软盘。1977 年，电子出版这一概念在我国开始出现，林穗芳先生在《电子编辑和电子出版物》中有所提及。1981 年我国第一张软磁盘片出现。同年，国内第一个中文数据库——中国药学文献数据库建立，最初供用户以光盘、软盘等形式检索期刊论文、专利文献、会议文献等药学及其相关学科的信息。20 世纪 80 年代中后期我国开启了电子出版实践工作，一些拥有计算机技术及设备的高校、科研机构开始将计算机技术用在教育、科研、新闻出版、信息处理等领域，如 1986—1988 年，上海交通大学出版社、清华大学出版社、北京大学出版社等出版了《计量经济分析软件包》等一系列教学软件、实验模拟系统、信息库和小型多媒体节目等，随后武汉大学出版社、华中理工大学出版社等也开展了电子出版业务。

（二）电子出版的规范化发展

20 世纪 90 年代我国电子出版步入了规范化与全面快速发展阶段。1991 年 5 月，在杭州举办了非官方性质的"全国首届软件出版工作研讨会"，这是第一次为分散的电子出版物的制作、出版和发行单位提供业务交流和探讨平台的会议。会议根据电子出版物的技术与出版两大特性，分别向出版主管部门和信息产业主管部门提出申请，成立了行业协作机构。同年，《国共两党关系通史》作为第一部磁盘载体的电子图书出版发行。

1992 年 10 月，由新闻出版总署技术发展司、湖北省新闻出版局、中国软件行业协会软件出版分会联合举办的"电子出版研讨会"在湖北召开，会上提出的初步方案经新闻出版总署批准后，中国出版工作者协会电子出版研究会正式成立，由此形成了新闻出版总署统一管理电子出版业的格局。1992 年底，《邮票上的中国——历史与文化》成为第一张多媒体电子出版物光盘（CD-ROM），这也是第一张自主版权的多媒体电子出版物光盘。随着计算机技术的普及和快速发展，新闻出版管理部门对电子出版物的出版特性、技术特性、多媒体特性有了更清晰、明确的规定。新的媒体出版形式被正式定名为电子出版，所属管理部门由图书管理司转为音像管理司，同时，音像管理司也更名为音像电子出版物管理司。

1995 年，微软公司推出了光盘式百科全书 Encarta，它以光盘为载体，图文并茂、声像清晰、检索交互性强，由此掀起了全球多媒体光盘的出版狂潮。同一时期，我国的电子出版公司、多媒体制作公司也如雨后春笋般涌现出来，生产的产品主要与教育相关。

从 1996 年起，新闻出版总署、海关总署等部门先后出台了一系列政策，如新闻出版总署 1996 年出台的《电子出版物管理暂行规定》中首先对电子出版物做了规定，对电子出版物的制作、出版、复制、进口、批发、零售、出租等都进行了规范，重新登记了电子出版单位，从制度层面保证了电子出版的规范化发展。《电子出版物管理暂行规定》的发布也标志着我国电子出版业管理专门化的开端，[①] 为后来我国对电子出版物的管理提供了政策指引。1997 年 12 月 30 日，国家新闻出版总署正式发布了我国的《电子出版物管理规定》，在电子出版物的制作、出版、发行等多个方面做了更加详细和更有可操作性的规定。

1997 年前后是我国电子出版行业发展最迅速的一段时期，这时，我国电子出版经过几年的发展，制作水平和生产能力已逐渐接近发达国家的整体水平。这段时期虽然只有几年，看上去十分短暂，但对我国电子出版来说确实是最光辉的一个阶段。1997 年，我国电子出版物（光盘）的年出版量从 1994 年的 12 种增长到 1 025 种，年增长率超过 200%；国内只读光盘的年复制总量达 700 万张以上，[②] 一大批社会效益和经济效益俱佳的电子出版物相继涌现，如人民美术出版社出版的光盘《故宫》，清华大学出版社出版的光盘《颐和园》，江苏出版总社出版的《国之瑰宝——宋庆龄》《侵华日军南京大屠杀》等。

（三）电子出版的衰落与转型

1998 年起，英国、美国、德国等国家的电子出版技术开始向网络出版技术转型，国内电子出版也开始出现衰落迹象，多数电子出版及相关单位开始削减生产、裁减员工、重组资产、谋求多元化经营等。与此同时，20 世纪末网络技术的出现及其在出版领域的应用给电子出版带来了新的挑战和机遇，如何借助网络技术给原有的电子出版注入新的活力成为这一时期出版界的重要话题，从封装型电子出版物到开放型电子出版物的转变为电子出版的新发展提供了一条最便捷的道路，一些原先的电子出版机构开始在新的道路上探索前行。

电子出版物转型后呈现出来的优势首先是可扩展的标记语言 XML 逐渐成为标准，方便网上检索、传输，推动了数据格式的标准化。其次是网上书店逐渐开始流行，其低廉的价格、方便快捷的检索方式受到了大众的欢迎。至今，电子出版仍然存在，网络时代如何借助先进技术在电子出版物的制作、发行、销售等环节改弦更张，寻求新的突破，成为电子出版领域的主要研究内容。

[①] 关萍萍：《我国电子出版业政策发展历程审视：以96版、97版及07版电子出版管理政策为例》，《现代视听》2011年第5期。

[②] 万安伦：《数字出版研究：运行模式与发展趋势》，中国传媒大学出版社，2017，第30页。

三、数字出版的变革：网络出版

（一）网络出版的兴起

进入 20 世纪 90 年代，随着互联网技术的快速发展，人们通过互联网接收到的信息量远远超出常规的文字，网络的媒体传播形式融入了声音与图像等超文本信息，让人们的阅读体验更加有趣，在这样的发展形势下，网络出版开始登上历史舞台。

网络技术在对电子出版带来冲击的同时，开启了网络出版的新时代，但是网络出版并没有完全取代电子出版，而是出现了两者共存的局面。关于网络出版的记录可以追溯到 1982 年，当时世界上第一份正式的网络电子期刊《沃斯堡明星电讯报》在美国问世，这被认为是网络出版物的源头。1994 年，中国科学院建立了我国第一个网站，开启了中国互联网信息大众服务的新时代。1995 年 1 月，中国第一份中文互联网杂志《神州学人》出现，正式拉开了中国互联网出版的序幕。也是在这一年，《中国日报》和《中国贸易报》开通了自己的网站，成为国内最早走向互联网出版的一批报纸。

1997 年 5 月，国内第一家网络书店——中国现代书店正式开始运营，可以实现电子结算。三个月后，这家网络书店在台湾书展上全面推出，成为展会的热点，并获得了图书订单。

1999 年 6 月，由清华同方、清华大学联合发起，中国学术期刊（光盘版）电子杂志社、清华同方知网（北京）技术有限公司主办的中国知识基础设施工程正式建立，对知识信息的互联网传播作出了巨大贡献，成为沿用至今的为广大学术研究者提供文献资料的重要平台。

2000 年 3 月 14 日，西蒙·舒斯特公司出版发行美国作家史蒂芬·金的小说《骑弹飞行》，这部小说是出版历史上第一部只发行电子版的出版物，引起各界强烈反响，打破了传统印刷图书首日发行量的纪录，这部以数字出版物形式出版的小说也成了数字出版大事件中的一个历史性标杆。同年，"掌上书房"作为国内第一代阅读器由辽宁出版集团推出。此后的 2002 年，辽宁出版集团与清华液晶技术研究中心、台湾碧悠电子公司等合作打造了中国第一条"电子书包制造链条"，以超链接、多媒体的形式为学生提供了丰富的、实时更新的、交互式的信息集合。

据统计，2002年之前我国国内从事网络出版业务的网站约有500家，[①] 这些网站又大致可分为五类。第一类是由出版单位主办的专业出版网站；第二类是由非出版单位创办的出版网站；第三类是由大型综合网站开辟的网络出版栏目；第四类是数字图书馆；第五类是网上书店。同年8月，由新闻出版总署与信息产业部联合出台的《互联网出版管理暂行规定》开始施行，该规定明确了互联网出版是指互联网信息服务提供者将自己创作或他人创作的作品经过选择和编辑加工，登载在互联网上或者通过互联网发送到用户端，供公众浏览、阅读、使用或者下载的在线传播行为。其作品主要包括两部分，一是已正式出版的图书、报纸、期刊、音像制品、电子出版物等出版物内容或者在其他媒体上公开发表的作品；二是经过编辑加工的文学、艺术和自然科学、社会科学、工程技术等方面的作品。该规定同时对互联网出版的职责、行政审批、监督管理等作出了相关规定。

2003年是网络出版发展最快的一年，由于网络出版有着纸介传媒不具备的优点，所以大受网民欢迎。网络出版的优点主要表现为以下几点。一是及时。传统图书、期刊、报纸音像制品及电子出版物的制作、发行需要一定的时间周期，网络出版则不同，甚至可将制作与发行同步进行。二是大容量。网络上的"数字空间"是无穷无尽的。三是多样化。网络出版的多样化是指网络出版的表现形式、表现手段和应用功能多样化。四是交互性。对网页的浏览、对网络游戏的参与、对个性化网站的定制和管理，都属于网络出版的交互操作。五是广泛性。网络出版不受时间、空间和受众的限制，可在任意时间任何地点进行。

2003年之后网络出版的类型主要有两种，一种是传统媒体的网络出版，将传统印刷出版物如书刊数字化后进行网络传播；另一种是网络自生传播，创作者将网络原创作品直接在网上发表传播，方式有数据库、电子书等。

2004年1月，新闻出版总署批准设立了首批50家互联网出版机构，这是我国网络出版合法主体诞生的重要标志。当时，网络出版机构纷纷建立，向产业化规模迈进。全国实际从事网络出版业务的机构和企业超过500家，网络出版从业人员总数超过3万人，其中各类编辑人员超过1万人。在这50家互联网出版机构中，有图书出版单位23家，电子音像出版单位5家，图书发行单位1家，报纸出版单

---

① 李苓：《数字出版学概论》，四川大学出版社，2017，第5页。

位 6 家，期刊出版单位 3 家，综合网站 5 家，电信机构 2 家，新闻单位 4 家。[①] 这 50 家互联网出版机构可分为五大类，一是由现有出版单位增设互联网出版业务的机构，二是经营互联网出版业务的综合网站，三是电信部门所属 ICP 经营互联网出版业务的网站，四是主营互联网出版的网站，五是各类互联网游戏出版网站。

（二）网络出版的拓展：移动出版

随着无线通信技术、手机技术的进步，新的数字出版平台出现了，这就是以智能手机、平板电脑为主要终端的移动出版平台。目前的主流观点认为移动出版是将内容资源进行数字化加工，运用数字版权保护技术，通过移动互联网进行传播；用户在移动设备上通过阅读软件实现随时随地阅读。[②] 移动出版是基于移动互联网并通过特定的信息平台实现的。在 1998 年第三代无线通信技术问世之后，以平板电脑和智能手机为代表的移动终端逐渐普及。移动出版适应了现代人群多元变换的社会节奏，将阅读内容大量密植在各种媒体之中，营造了一个真正的在任何时间、地点都可以阅读数字内容的环境。移动出版需要具备的基本条件有两个，一是移动终端设备，包括平板电脑、手机、MP3、MP4 以及专门的电子书阅读器等；二是移动出版内容，包括文字、图片、图像、视频、游戏、音乐等。2000 年 1 月，日本第一部手机小说《阿由的故事》上线，受到人们的欢迎，对包括运营商、网站、出版社、作者、读者在内的整条数字出版产业链及音像制品、电影等联动产业都造成了巨大影响。2000 年 12 月，中国移动正式推出"移动梦网"服务，提供短信、彩信、手机游戏等多元化的手机服务。

移动出版是网络出版在人们生活中逐渐普及化的体现，是数字出版的一种自适应形式，对数字出版的发展起到了一定推动作用。从内容设计上看，移动出版更具有创新精神，从产品设计之初就以用户体验为核心，强调与消费者互联互动。可以根据消费者需求将文字、图片、音乐、视频、实时分享、评论等内容融入一本书中，从而成为一个庞大的、有机整合的媒体库，带给读者互动阅读体验。从技术手段上来看，移动出版更侧重对数字化的内容进行数据化转换、数据挖掘和数据的交叉重复使用。通过对内容进行切割、标识、元数据描述以及建立

---

① 胡太春、金梦玉：《编辑出版实务：由传统出版到数字出版》，中国广播影视出版社，2018，第175页。

② 郝振省：《2012—2013中国数字出版产业年度报告》，中国书籍出版社，2013，第384页。

关联关系，移动出版能够从技术层面实现对内容资源更准确高效的检索、推送，这也是移动出版更重视基于用户体验为不同消费者提供个性化服务的表现。

总的来说，这一时期网络出版主要展现出两个方面的特征。一是网络出版中的电子编辑技术得到进一步提升，极大地提高了电子出版物的生产效率；二是网络成为电子出版物进行传播与发行的重要渠道。但是整体看来，这一时期的传统出版仍旧占据着主导地位。

四、数字出版概念的正式形成

从 2004 年开始，数字出版逐渐代替网络出版，成为与传统出版相对应的出版形态的新概念。2005 年，数字出版这一概念被正式提出。2005 年及以后，数字出版逐渐代替电子出版和网络出版成为以数字技术为基础的新型出版形态的通用话语，得到业界、学界和官方的一致认可。

2005 年，我国首届数字出版趋势与技术高峰论坛召开，以电子出版和网络出版的发展为基础的数字出版作为与传统出版相对的新型出版形式被出版界广泛讨论。也是在这一年，由中共中央和国务院联合发布的《关于深化文化体制改革的若干意见》中明确提出"发展数字广播、数字电视、数字电影、数字出版、动漫和网络游戏等，建设大容量数字化文化资源库"。2005 年以后，数字出版步入了快速发展阶段，内容提供商积极建构数字资源库，技术提供商涉足内容提供领域，越来越多的新技术在数字出版中得到应用，数字报纸及数字杂志的出版发展到了一个崭新的阶段。2006 年，商务印书馆正式推出"工具书在线"，实现了工具书的数字化和网络化。同年，由国家新闻出版总署牵头的"数字报业实验室计划"启动，着力研究传统报业的转型战略和技术难题。

2009 年，随着 3G 时代的到来，手机从单纯的通信工具逐渐发展成移动媒体，数字出版迈向无线移动、个性化按需定制和跨媒体出版发展的步伐大大加快。

第三节　数字出版的主要特点

数字出版是出版发展过程中的一次巨大革命，数字出版的发展带来了出版行业的许多新变化。数字出版在出版主体、内容资源、受众接受等方面呈现出与传统出版不一样的特点，这些特点成为让数字出版在现代出版行业中具备竞争优势的条件。因此，这一节将对数字出版的主要特点进行论述。

一、主体多元化

传统出版的主体主要是各大出版社、期刊社，与传统出版不同，数字出版的主体开放性更强，除专业出版机构外，非专业机构甚至个人都可以参与数字出版活动。数字技术为出版行业带来操作便捷性、种类多样性、主体活动多元化等优势，降低了个人和社会集团参与数字出版实践活动的门槛，为数字出版主体的多元化创造了前提条件。传统出版物的作者多是知识精英和文化权威，而数字时代，人人都可以在互联网上发表文章，数字出版使主体队伍出现了前所未有的扩张。国内很多网络文学小说最初便是先在起点中文网、晋江文学城等网站连载，随着作品越来越受欢迎，得到出版商或影视制作商的青睐，最后得以正式出版发行。

总的来说，数字出版主体的多元化体现在三个层面。一是主体的类型增多，二是同类型的主体中涌现出更多不同的子类型，三是相似子类型的主体数量增多。在一个完整的数字出版活动中，从最初的内容生产到最终的受众接受，需要的主体有内容生产者、数字化服务商、平台运营商、终端阅读器提供商、技术提供商等，与传统出版主体中的出版机构、发行机构、零售机构相比有所增加。在数字出版活动中，就内容生产者而言，个人、传统出版机构、文学网站、游戏开发机构、出版工作室等均可参与其中，因此丰富了出版主体。

二、信息多样化

与传统出版相比，数字出版活动中能够被加工、改造和最终呈现到受众面前的信息更丰富、更多样。数字出版时代，文字加工、图片处理、音频剪辑、视频编辑、动画制作等方面的技术都在数字出版领域得到了良好运用，为信息多样化提供了技术上的支持。并且，信息多样化也源于存储技术的进步，存储技术的发展让更多信息可以存储在网络空间之中，方便人们通过网络查找。这种数字出版具有的信息海量存储性是传统出版物没有的。并且光盘、磁盘介质的海量存储能力不仅表现在存储文字上，还可以存储图像、音视频等多媒体信息。数字出版与传统出版的一大不同就是它可以通过二进制代码将数据存储在磁盘、光盘或者网络上，信息存储量与传统出版物相比大大增加，可以增添许多传统出版物无法自由添加的内容，这更体现了数字出版存储的海量性。随着互联网技术的运用和数字存储技术的快速发展，大容量的存储载体不断更新，数字出版的发展显现出巨大的潜力，时间、空间不再是障碍，传统地域、国界、体制以及文化的限制被打破，带来更明显的信息多样化特征。

具体说来，数字出版时代信息多样化表现为信息的来源更加丰富、信息的载体更加多元以及信息的呈现方式更加多样。

（一）信息来源丰富

理论上，一切信息都可以作为数字出版的资源，经过一系列的制作、传播过程最终呈现在读者面前。数字出版时代，文化的样态更加多元，网络上的流行文化不断出现，丰富了信息的总量；特殊的网络交流习惯正作为信息的一部分，大量出现在虚拟世界。从信息生产的角度来看，数字出版时代有更多的信息被生产出来，信息的总量也就增加了。另外，在信息总量中能够进入数字出版活动的信息也增多了。传统出版时期，只有文字、图片才能被出版主体关注，从而进入出版活动；数字出版时期，文字与图片仍然是描述信息的主要方式，但是新技术的出现使能够大量承载信息的音频、视频、动画等也能进入出版活动。

（二）信息呈现方式多样

同样的内容以不同的方式呈现出来，就会带给读者不一样的理解与体验。读一本小说与看同名电影相比，读者在理解信息的过程中参与体验的感官各有侧重，关注的角度也各不相同。对理论一样的信息而言，每种呈现方式最终传递给受众的信息量有所不同。文字、图片、音频、视频是数字出版活动中最常见的信息呈现方式。对文字而言，通过修改大小、字体、色彩，文字能够以不同的形态呈现出来；对图片而言，经过图像处理软件的处理，同一张图片的色相、明度、饱和度都会发生较大变化，拉伸、扭曲、风格化等特效技术的应用更增加了图片的表现力；对音频来说，同样如此。总的来说，数字出版活动中信息呈现方式增多，并且每种呈现方式的变形也越来越多。数字出版带来的信息呈现方式的变革，直接影响了读者对内容的理解，读者获取到的信息因此也变得各不相同。如果说信息本身的多样化是一种客观的多样化，那么信息在通过不同方式呈现以后出现的多样化就是一种带有主观性质的多样化。

三、受众分众化

在传统出版阶段，出版社的类型是多种多样的，我国几乎每个省都有文艺出版社、少儿出版社、教育出版社、美术出版社等各种类型的出版社，内容资源按照这样的分类方式被不同的出版社编辑出版，受众也依据出版社的定位寻找合适的内容，买文学作品会找文艺出版社，买教辅资料会找教育出版社，每种类型的出版社都会有自己的读者群体。当时能够进入出版活动的内容资源是有限的，读者可选择的余地较小。

数字出版的出现让传统出版机构的优势不再明显，数字出版活动的参与主体变多，根据读者的喜好生产具有针对性内容的机会变大，不同类型的读者都会被数字出版主体发现，图书市场的受众细分更加明显。信息的多元化也为读者的分众化创造了条件，在信息的海洋里，读者可以根据喜好寻找到需要的阅读内容，不再为找不到合适的阅读内容担忧，更多的潜在阅读需求被激发出来，受众开始进一步地细分。数字出版阶段，受众分众化通常体现在对时间、空间和内容的不同选择上，而对时间和空间的综合选择更加直观地表现为对传播载体的选择。

（一）依据内容与需求确定受众

信息高速增长的今天，读者对信息文化的个性化需求越来越丰富、多样。一般情况下，内容是读者选择出版物的最关键因素。很明显，传统出版模式下生产的出版物在这方面表现得较为乏力，数字出版则在这方面呈现出十足的优势，能够更加精确地满足读者的个性化需求。就网络文学而言，如起点中文网、榕树下、红袖读书等网络文学网站，都选择以内容作为细分标准，方便读者能够迅速找到需要的内容。这些网站往往将所有的内容资源划分为历史、军事、科幻、玄幻、奇幻、武侠、都市、青春等类型，供不同的细分受众选择。数字出版机构可以借助销售数据库和大数据分析技术，对读者的阅读、观看行为和效果进行追踪，[①]从而更好地了解读者的需求，进行个性化推送，研发个性化阅读产品，以满足读者的个性化需求。

按需出版是个性化出版的典型，目前的类型主要有两种。第一种类型是面向读者的按需出版，是指基于按需印刷技术，根据客户在时间、数量、质量上的个性化需求和喜好，以数字化的形式编辑和加工出版物，利用数字印刷机及时印刷并装订成册，向读者传播正式出版物的出版过程，这是一种以数字化方式传播的高度个性化定制服务。[②]第二种类型是面向作者的自助出版，是指自助出版商通过提供自助出版平台为作者提供个性化出书服务，最后发售出版物的出版过程，最终出版物形态可以是纸质图书，也可以是电子图书。

传统出版对短版书、断版书、专业书、学术书的出版一直都存在难点，在数字出版中实现按需出版就很好地解决了这些难题，具有印刷速度快、零库存、满足读者个性化需求等优点。数字出版时代，读者群体走向分化，他们需要的内容各不相同，他们的需求是向着个性化、多元化的方向发展的。数字出版在未来将以更加个性化、交互式的服务，满足读者个性化、多元化的需求，实现更好的发展。

（二）依据载体形式确定受众

每一种阅读介质都有属于自己的受众群体，他们对在特定的阅读介质下进行阅读感到舒适。纸质载体、智能手机、平板电脑、计算机、电子书阅读器等不同载体的使用对时间、空间的要求不同，对读者阅读习惯的适应性也不同。如果按照年龄标准细分，中老年人对纸质载体、电视的依赖性更强，年轻人对手机、平板电脑、计算机等载体更加青睐。如果按照阅读的时间和空间来划分，使用纸质载体时需要一个相对固定的空间去进行较长时间的阅读，使用手机、平板电脑和电子书阅读器时碎片化的时间就可以得到充分利用，其对空间的要求也不会那么

---

① 吴永凯、许波、刘丽丽：《数字出版的困境与对策》，台海出版社，2017，第4页。

② 万安伦：《数字出版研究：运行模式与发展趋势》，中国传媒大学出版社，2017，第47页。

严格，在任何地方都可以进行阅读。有一些读者喜欢使用计算机进行阅读，虽然对时间没有过多的要求，但还是会受到空间的限制。如果按照读者在使用载体时的投入程度细分，读者在通过纸质载体阅读时的投入度最高，其次是电子书终端阅读器，以手机、平板电脑、计算机为载体阅读时的投入度较低。因此，就同样的内容而言，载体不同，受众的选择也会不同，这也决定了阅读内容的容量。对于那些有较长时间可以在固定地点利用计算机进行阅读的读者来说，阅读内容必须要有一定深度，这样才能激起他们的阅读兴趣，使他们获得良好的阅读体验；对于那些处在移动环境中只能依靠手机、电子书阅读器进行阅读的读者来说，应该为他们呈现更加简短的内容。数字出版利用优秀的数据分析手段就可以很好地判断读者所处的状态，进而帮助读者在一种自己喜欢的阅读倾向下阅读。

然而，在数字出版时代，这种受众分众化也会带来一些不良后果。由于各种快餐化、娱乐化的生产方式为浅阅读提供了越来越便利的条件，读者逐渐喜欢追求方便快捷、浅显通俗、轻松娱乐的阅读效果，以获得短暂的身心愉悦，同时也缓解生活压力。但长此以往，这样的倾向将会影响读者理解复杂阅读内容的能力，造成读者深度阅读能力的减退，甚至导致部分读者在思想文化方面出现失落。因此，在体现数字出版个性化的前提下，如何提高数字阅读的质量，仍是需要业界思考并解决的问题。

四、阅读交互化

网络媒体的最大特点之一就是交互化，交互化让信息传播的反馈环节得到强化，受众与传播者的交流与互动增多。数字出版充分利用了网络的这一特点，使传统的读者单向阅读的状况有所改变，为读者与作者的互动、读者之间的互动、读者参与内容生产等提供了现实条件。在传统出版形式下的出版传播过程中，出版商与作者决定传播方式及传播内容，读者只是被动地接受，所以传统的出版是一种单向性很强的传播，它在一定程度上阻碍了信息、文化的有效传递，对思想的表达是不利的。这样的传播方式在公众信息文化需求日益多样化的今天，无法形成即时互动关系，这也使传统出版方式越来越难以满足大众的需求，而数字出版的出现为满足大众与作者的互动需求提供了有效的解决方式。

数字出版可以将话语权、表达权转交给受众，形成一种交互式的传播方式，满足受众对个性化服务的需求，增强受众和读者的融入感与参与感。今天的数字出版阅读平台不仅能向读者提供丰富的信息知识，还能第一时间接受读者的信息反馈。读者可以到相关的网站发布书评，提出自己的建议、意见，和出版者进行实时沟通，也可以利用电子邮件、微博、微信等与作者直接或间接沟通，对出版物进行评价，实现信息的交流互动，这便是交互性的体现。如此一来，能极大地调动读者的阅读兴趣，激发他们了解新知识的欲望。这些信息对于出版人了解市场需求、改进产品质量也具有十分重要的意义。当然，读者之间的互动更为常见，他们可以通过论坛、QQ 群、贴吧等进行交流，在同一个平台上不同的读者可以组成读书兴趣小组，对同一内容或相近内容各抒己见，参与讨论；读者之间或读者与作者互动的过程中，观点、意见被内容生产者采纳，在以后的创作中得到体现，如网络小说家以读者投票的方式决定小说的情节发展与结局；读者在互动过程中会形成新的见解，若将这些见解集结成册，可以新的出版物的形式传播。与传统出版时代"读者来信"等待编辑、作者的回复不同，数字出版时代读者通过多种多样的互动方式与其他人互动的时间大大缩短，尤其是微博、微信的兴起与广泛应用，及时互动成为一种常态。

对数字出版而言，交互性不仅可以发生在人与人之间，还可以发生在人与计算机之间，超链接、超文本、超媒体都是互动的方式，输入与输出也能体现交互性。数字出版可以运用计算机技术对信息内容进行检索、关联、重组与挖掘，可以把受众与读者所需要的信息收集齐全以满足读者的需求，可以挖掘内容中信息与信息间更深层次的关系，读者、出版商和作者可以比以往进行更多功能的互动交流。

在行业交互层面，按照介质形态可以将出版划分为纸介质出版、磁介质出版、光介质出版等方式。数字出版的出现使得网络游戏出版、网络动漫出版、手机出版物等新兴数字出版媒体应运而生，这也标志着跨越介质形态的多种媒体出版形式的诞生，打破了按介质形态对出版行业进行划分的模式，体现出了行业交互性。

总之，在数字时代到来以后，数字出版内容生产者不再是单一的内容接受者，而是更多地按照自己的想法制造新的内容；读者的角色发生了比较大的转变，受众不单是阅读者，也可以成为作者，他们可以传播自己的作品，从另一个侧面体现出了数字出版的交互性特点。

五、多媒体传播

传统出版主要以书刊、报纸、广播、电视等传统媒体为传播载体，运用平面化、模拟化的技术记载文字、图片等静止的信息；数字出版主要以互联网或其他终端为传播载体，表现形态更加丰富多彩，采用数字化技术，记载以图像、音频、视频、动画为代表的动态信息，即数字出版实现了声音、文字、图像、视频等多媒体形式的相互整合又各自独立，使得信息的呈现方式更加形象、丰富、生动，符合人类的认识方式和认知习惯，具备传统出版无可比拟的优越性。媒介技术的发展与信息载体的发展密切相关，从口头传播时代到文字传播时代再到数字化传播时代，信息的载体以叠加的方式出现，形成了当今社会报纸、书籍、电视、广播、网络等各种载体共存的情形。具体到出版领域，传统出版时期，几乎所有的信息都以报纸、杂志、书籍等纸质载体的形式承载；数字出版时期，信息的载体扩充为光、磁、电等媒介，如光盘、软件、电子书等，同样内容的信息可以通过不同的载体传播。

数字出版的多媒体传播实现了"一个内容，多种媒体""一次创作，多元发布"，这也是数字出版多媒体传播的总体特点。"一个内容，多种媒体"是说同样的内容，不经过加工改造，就可以选择不同的媒体进行传播，如同一篇网络小说，可以在原创网站上分章连载，可以在网上书店整本销售，也可以通过智能手机供读者随时翻阅。"一次创作，多元发布"指的是同一创作内容通过不同的服务方式能够以多元的形式发布，如一部小说可以被改编为电视剧、电影、网络游戏等形式在不同媒体上发布。跨媒体传播是数字出版最显著的特点之一，在数字出版活动中跨媒体传播的现象经常出现。

在软件的使用上，数字出版不仅要用到文字处理软件、绘图软件，还要用到音视频编辑软件、动画制作软件等多种编辑软件，将多种媒体素材按照设计好的结构形式有效整合起来，形成具有多种媒体形态的数字出版产品。如今具备多媒体功能的数字媒体已经能够做到声色俱全，数字出版极大地丰富拓展了出版的内容与形式，在以后还有可能实现更大的发展，可以将传播的内容同时诉诸视觉、听觉、嗅觉、味觉、触觉等感官，实现数字出版多媒体传播的更高目标。

六、高效环保

数字出版从信息录入、存储、印刷再到销售、传播、阅读，都是在数字化的基础上进行的，突破了纸质媒介在印刷、运输、发行等因素上的限制，显示出速度快、效率高的特点。当然，这首先得益于互联网的高速传播效率与实时更新的特点。

数字出版的高效主要体现在三个方面。首先，数字出版物检索的便捷高效。因为数字出版物通过数据库和超文本链接等技术来参与信息的组织、存储、管理，因此不像传统出版物那样只能采用单一的线性顺序来检索。数字出版的多媒体呈现形态与非线性的信息组织方式让检索变得快速、灵活，还可以多次检索、反复使用，符合人类多维、发散的思维活动特点，为用户提供了极大的便利。其次，数字出版产品的使用和阅读基本上不受时空限制。各种数字图书馆、数字服务网站能够全天候为用户提供服务。最后，基于传输形式的数字化使得数字出版内容的复制、保存变得十分高效。无论是与传统的纸质复印相比，还是与磁带、录像带的复制相比，数字出版的复制过程所体现出来的便捷性和低成本的优势都是显而易见的。在信息内容的保存方面，低成本、大容量的特点使得数字出版产品的保存更为便捷高效，也让个人拥有相当规模的数字产品成为可能。

从环保的角度来看，传统的出版涉及造纸业、印刷业，在一定程度上对环境造成污染破坏。数字出版的信息传播与呈现形式使其对环境造成的污染降至最低。大力发展数字出版，不仅是发展文化产业的需要，也是保护生态环境的需要。

第四节　数字出版的现有优势

技术在发展，人们的阅读行为也在发生变化，出版的形态也变得多种多样。与传统出版相比，数字出版的优势是显著的，它将传统出版无法实现的不受时间与地域限制的信息呈现方式变为现实。数字出版在各个方面都展现出比传统出版更符合现代出版需求及大众阅读需求的优越性，具体体现在与传统出版的互补、资源的利用、技术的使用及市场传播等方面，这一节将对这些内容进行论述。

一、与传统出版的全方位互补

数字出版是随着计算机技术和信息技术发展起来的出版形式，是出版体系的一个分支，与传统出版之间存在较为密切的关联。近年来数字出版作为一种新兴的出版模式一直受到出版界的高度关注，并不断开发出新的产业链。但数字出版只是建立在传统出版理念的更新和出版技术的进步上，它与传统出版不是对立关系，也不是取代关系，而是一个支撑性的互补关系。数字出版能够与传统出版形成技术、服务、产品等多方面的互补，这种全方位的互补性是数字出版相较传统出版来说比较显著的优势。

（一）技术互补

数字出版技术采用了大量先进的信息技术和数据管理技术，因此在内容的编辑加工过程中，特别是在编辑出版流程再造，大型工具书、教材编辑及科技类图书编辑，出版资源积累等方面，能提供大量的技术性支撑，使传统出版在完成出版规模工业化、出版工艺流程化控制、出版过程精细化管理、出版质量分量化管理等方面得到完善和提高，从而进一步提高内容编辑的效率和质量，提升企业的市场快速反应能力，满足不断细分的小众市场和专业市场的产品需求，提升企业的市场竞争力。数字出版实现了传统出版检索的便捷化，它并非简单地对传统出版物进行数字化翻版，而是必须按照数字化规范的要求，对文章内容进行规范化加工、分类与集成，配以恰当的检索系统方能有效地传播。尤其是对学术期刊而言，标题、参考文献、关键词等各要素的规范对整个行业技术体系的发展将产生较为深远的影响。

（二）服务互补

数字出版技术是信息技术在出版产业的重要应用之一，由于具有成熟的信息处理技术和计算机技术，数字出版技术在内容编辑加工环节中，其大规模快速处理和管理文稿数据的能力，以及遍历性地查找、处理问题的能力得到充分体现，为编辑加工带来了全新的理念和技术手段，为出版物质量的提高提供了可靠的技术保障，从而为整个产业提供了强有力的技术服务。

（三）产品拓展

基于信息技术手段产生的数字内容产品，已不是传统的方正排版软件所生产的只支持纸质印刷的文件，而是可以在书、磁盘、网上共享，甚至还可以在三网合一环境下发布和传播，其发行销售渠道比传统图书更加宽广，盈利模式及推广模式更加丰富，产品的增值空间也更大。比如，一些期刊的发行量未达到预期，但发布于互联网或微信公众平台后，阅读量与传播速度远远高于纸质期刊，拓展了刊物的发行渠道。随着 5G 时代的到来，高频率、高质量的信息传输能力使物联网的构建成为可能，书籍与期刊实现立体化传播，影响力大幅提升。这使整个出版产业在一个全新的产业链中得到有效拓展和延伸。

二、全面的资源利用优势

美国传媒大亨萨默·雷石东提出的"内容为王"的理念历来被出版人所认同，高质量的内容资源是出版业赖以生存的基础。数字出版可以充分利用互联网资源这一庞大的系统，该系统包含了软件、硬件、信息处理等方面的要素，为数字出版提供了大量可供研究的信息和可供参考的背景资料，也为数字出版的选题、创作提供了素材，这些信息资源不再需要纸张和油墨，使得数字出版业成为绿色环保产业。同时，信息技术和数据管理技术是一种便捷的数字信息服务工具，有利于数字出版过程中收集、存储、交换、分析信息，并为数字出版提供了一个风格多样、使用便捷的平台，网络资源系统中的人可以在网上最大限度地发挥互联网的作用。

三、高效的出版技术优势

数字出版充分运用了当前的信息技术和数据管理技术，与数字出版密切相关的主要有网络出版技术、数据库技术、多媒体技术、电子商务技术、数字通信技术、流媒体技术、存储技术、显示技术等，并在不同的出版领域中显现出各自的魅力与作用。数字出版的外延较为广阔，只要在出版环节中使用二进制技术手段进行操作，就属于数字出版的范畴，其中包括原创作品的数字化、编辑加工的数字化、印刷复制的数字化、发行销售的数字化和阅读消费的数字化等。数字出版以多项高新技术为基础，通过设计规划运用计算机进行艺术设计，融合并超越了传统出版内容。数字视听、数字动漫、网络学习、手机娱乐等都属于图形图像数字出版范畴。

在数字时代，新技术与出版的结合变得更加紧密，最重要的变化之一就是出版流程得到优化。数字出版在出版发行上的优势就是处理数字化、过程数字化，一些公司推出了自动化排版系统，使排版与印刷等流程更为便捷，大大降低了纸质出版物的生产成本。传统的纸质出版与数字出版同步进行，大大提升了传统纸质出版的现代化与办公的自动化程度。就学术期刊而言，多数期刊建有自己的网站，并启用线上投稿系统，可线上完成投稿、初审、外审、复审、终审的处理流程，从整体上提高了学术期刊的出版水平，使稿件录用更为透明、公平与公正。当然，数字出版的优势不仅体现在出版的输入、编辑、传输和发布的形式上，而且表现在管理的电子化、交易的电子化上。获取数字出版的数据和素材除了通过对原始模拟信息的数字化，还可以采用键盘输入、更加人性化的语音识别输入和手写字体识别输入。在对图像数据、音频数据、视频数据的采集处理中，目前的数码相机、录音笔及数码摄像机等可以直接将信息数字化。随着软件功能的全面提升和智能应用，数字出版的数字化内容在处理、修改、制作、传输、发布、版本升级等方面变得快速易行。物联网应用的核心技术——无线射频识别技术使出版物从生产、仓储到发行的全流程数据抓取得以实现。[1]物联网、虚拟现实、增强现实、人工智能等前沿技术使出版流程更为简化、便捷，并为出版企业建立了实时反馈机制，加强了出版信息的对称性，进而提高了出版企业的经营管理水平。

四、大众化的市场传播优势

数字出版在创作与传播上的优势较为明显。以网络文学市场为例，我国的网络文学市场巨大，体量与电子购物市场和移动社交网络市场相当，基于网络门户创作的网络原创文学是一种非常独特的数字出版作品。借助数亿读者基数、数百万作家构成的原创阵容，以及近千名专业编辑的加工，最终呈现出来的网络文

---

[1] 孙菊：《数字出版时代大学出版的路径创新》，燕山大学出版社，2020，第20页。

学故事新奇、想象力恢宏，涵盖丰富的类型，已经成为网民精神生活的重要组成部分。

数字出版时代，信息技术的全面使用使知识生产的门槛更低，人们获取知识的方式也更为便捷，人人都可以成为知识信息的生产者和传播者。知识信息传播的发起者由单一个体趋向任意个体，表现形式也由单一趋向立体。出版内容不仅包括文字、图片，人们对音视频资源的需求也大幅提高，网络课程成为数字出版的重要组成部分。例如，结合知识付费，喜马拉雅、懒人听书等平台顺应了新时期读者的需求。此外，一些出版社在纸介质出版物上印刷二维码信息，使读者在阅读书籍时，可以通过扫描二维码获取更多相关资源与信息，获得更加丰富的阅读体验。

数字出版的市场在网络经济环境中不断地孕育壮大，网络经济的优势在数字出版业中可以最先显现出来。数字出版物的定价、从厂家到客户的直销、电子商务方式、网络营销手段等，对数字出版市场的发展都有重要的作用和长远的影响。

虽然数字出版的优势十分明显，但目前我国数字出版的产业化发展过程却存在一些误区。一部分人将数字出版视为一个全新的产业模式，过分追求年产值，只关注其为拉动产业链增值做出的贡献，将数字出版视为新的经济增长点，期望通过数字出版产出更多现实效益。还有一部分人将数字出版与传统出版割裂开来，分别管理、区别对待，这样的做法对数字出版的发展及传统出版的转型都是不利的。更有甚者直接将数字出版与传统出版完全对立起来，不接受和拒绝探讨新的出版模式和出版理念，固守在自己所熟悉的领域。这些做法本身是没有积极意义的，在技术发展潮流的推动下，出版物必然朝着满足读者需求的方向发展。因此，出版界要充分利用数字出版的各种优势，为出版行业的发展创造新的机遇。

第二章

数字出版的主要形态

　　数字出版继承和延伸了传统出版物的形态，产生了电子图书出版、数字期刊出版、数字报纸出版，又在技术的推动下产生了更多样的形态，如网络游戏出版、数字动漫出版等，这些多种多样的出版形态共同构成了数字出版的灿烂图景。

第一节　传统出版物的数字化延伸形态

一、电子图书

（一）电子图书的定义

随着互联网络的发展，数字信息技术为书籍这一传统媒介带来了新的活力和生机，产生了一种新型的数字化书籍——电子图书。电子图书是通过计算机或类似设备，以数字代码的形式将图、文、声、像等信息存储在碳、光、电介质上，并可复制发行的大众传播载体。《牛津英语词典》把电子图书定义为印刷图书的电子版本，可在个人电脑或专为阅读而设计的手持设备上进行阅读。2010 年，新闻出版总署发布的《新闻出版总署关于发展电子书产业的意见》指出，电子书是指将文字、图片、声音、影像等信息内容数字化的出版物。电子图书通常有两种制作方法，一是通过对纸质图书进行扫描或是数码照相，将其转化为电子格式，之后再出版；二是运用数字技术进行文字编辑，直接在互联网上出版。内容、阅读器、阅读软件构成了电子图书的三个基本要素，电子图书出版的主要业务活动包括两个方面，一是电子图书的内容加工，二是电子图书的传播与销售。

（二）电子图书的发展历程

电子图书的发展与数字技术的发展以及电子阅读器的产生有着密切联系，按照其发展状况可以分为以下三个阶段。

第一个阶段是萌芽时期，即 1960—1998 年。这一阶段出现了第一部真正意义上的商业电子图书，以及电脑可阅读的各种格式的电子图书。此时的电子图书在阅读终端上依赖电脑，阅读器概念也是在这一时期萌芽。第二阶段是第一代电子阅读器时期，即 1998—2004 年。这个阶段也可称为电子阅读器产业试水时期，阅读器产品纷纷采用液晶显示屏技术。第三阶段是第二代电子阅读器时期，即 2004 年至今。这一阶段又可划分为两个时期：一是 2004—2007 年，即第二代阅读器导入期，电子墨水技术投入商用，电纸屏阅读器投产；二是 2007 年至今，国内外的数字出版产业都有较大的进步，带动了电子图书的发展。

1. 早期电子图书的发展

20世纪60年代至20世纪末是电子图书的早期发展阶段，它的发展沿着作为内容的"书"和作为硬件的阅读器的发展展开。1968年，著名计算机科学家艾伦·凯设想将电脑做成平板，然后作为儿童教育工具来发布。这一设想点燃了人们探究新型阅读的激情，并为创造新的阅读载体指明了方向。1971年，由米歇尔·哈特负责的古腾堡工程正式启动，因为坚信有朝一日计算机会走向普通公众，米歇尔·哈特决定将书籍电子化，并通过网络传播，让地球上的任何一个人都能够通过这种便捷的方式得到自己心仪的图书。同一时期，一位专门出版恐怖小说的出版商将部分图书内容放在网络上，供人免费阅读，这一形式可以视为电子图书的雏形。

第一部真正意义上的商业电子图书诞生于1987年。这一年一本名为《下午》的电子图书开始以5寸的软盘为载体对外发行。1993年，格伦·豪斯曼创办的目录字节公司成为世界上第一个电子图书出版商。此后，从事专业电子图书出版的公司层出不穷。

实体电子阅读器的产生可以追溯到1996年由美国线上出版社与3Com公司推出的"掌上向导"程序。这个程序能够从网络上下载图书资源，下载过后无须联网也可以进行阅读。在那个时期，互联网还没有大范围影响人们的生活，网上阅读也是一件颇具新鲜感的事情。因此，该程序推出过后成效显著，许多出版商与线上公司达成合作，将书籍搬运到该程序上，以便读者下载。

2000年3月14日，网上出现了一本短篇小说——美国著名恐怖小说作家斯蒂芬·金的新作《骑弹飞行》。该作发布第一天，就有40万人成功下载，而要求下载的用户多达200万人。2000年7月24日，斯蒂芬·金的第二部短篇小说《植物》以连载的形式在其个人网站上发表，每次下载费用为1美元。在小说推出的前15小时，就有4万多人进行下载，付费率在76%以上。[①]最初人们通过计算机阅读电子图书，经历了纯文本阅读和使用专业格式进行阅读两个阶段。专业文件格式有PDF、EXE、CHM、HLP等，至今在互联网上仍然存在着大量这些格式的

---

① 贺子岳：《数字出版形态研究》，武汉大学出版社，2015，第85页。

免费电子图书。这些图书涉及的主题有限，以大众读物及人文科学类图书为主，学术出版物和科技图书较少，这与当时的时代背景有一定联系。制作这些图书的人多数是一些自愿者，他们提倡资源共享，提供这些图书的网站也基本不依靠售卖电子图书盈利，而是采取广告盈利模式。虽然这些图书在某种程度上破坏了出版业的秩序，有违现在的版权观念，但这些免费资源也逐渐改变了人们的阅读习惯，最终促使电子图书走入大众的视野。

以计算机为载体的阅读方式的弊端是有目共睹的，读者不可能搬着计算机走来走去。20 世纪 90 年代，在抛弃了耗能大、不便于携带的计算机后，某些"嗜书潮人"转而使用掌上电脑下载和阅读书籍，走到哪儿读到哪儿，他们称得上是使用移动阅读器的先驱，并为之后的移动阅读奠定了良好的受众基础。在这种情形下，作为内容的电子图书和作为载体的电子阅读器终于有了结合的基础。由此，电子图书的基本模型构建已经完成，电子图书也顺利来到第二发展阶段。

2. 中期电子图书的发展

经历了初期的铺垫，电子图书迎来了第二个发展阶段，也即第一代电子阅读器时期。一般来说，第一代电子阅读器是指早期采用液晶显示屏技术的专用电子阅读器。1998 年 10 月，美国新媒体公司推出了名噪一时的专用电子阅读器"火箭书"，该书仅重 0.6 千克，大小等同于一本平装书，可以容纳 4 000 页的图书量，用户需要将网上购买的电子图书先下载到本地电脑上，再导入火箭书里。火箭书成为真正意义上电子阅读器诞生的标志。同年 11 月，软书出版公司开发的电子阅读器"软书"上市。与火箭书不同的是，软书可以通过自带的调制解调器直接登录软书出版社的网络书店进行付费下载，不需要计算机做中介。此外，软书还具有加密技术，能够给作者提供很好的版权保护。21 世纪初，有"真正的电子图书"称号的 Everybook 一经问世就引起大范围关注。其后几年，美国原有的大型出版公司相继成立电子图书公司并开发不同的电子图书阅读程序。

在国内，21 世纪初同样出现了一大批电子图书或电子阅读器，如天津津科电子有限公司先后推出的世界首部阅读不耗电的电子阅读器"翰林 E 读王"；辽宁出版集团和美国秦通公司联手推出的中文电子阅读器"掌上书房"；广州金蟾软件研发中心有限公司推出的"易博士电子阅读器"；方正科技集团股份有限公司推出的"书行天下""君阅天下"等液晶屏电子阅读器产品；等等。回顾我国专用电子阅读器市场的发展历程，国内厂商诸如广州金蟾软件研发中心有限公司、方正科技在早期发展中功不可没。

总的来看，1998—2004 年是电子图书产业试水时期，国内外市场上曾经多次上市过不同品牌的液晶屏电子阅读器，试图推动人们阅读习惯的转变，但它们大多昙花一现。在视觉感上，它们与纸书相去甚远，且内存小，如火箭书的内存仅 4 MB，仅能存放 10 本或加起来相当于 4 000 页左右的图书而已。曾经在软书出版公司工作过的麦克尔·麦斯认为第一代阅读器在经历了 2000 年的高峰之后就进入了冬眠期。[①] 他具体分析了背后的原因，并总结出以下几点。

第一，当时的电子书品种不多，无法给读者提供足够的选择内容，满足读者的喜好，这是当时阻碍电子阅读器公司发展的重大问题。

第二，价格过高，许多读者望而却步。2000 年，很多电子书的价格与纸质精装本一致，定价高与品种少加在一起，让很多人认为电子书并不是物有所值，市场就这样陷入了停滞状态。另外，能阅读电子图书的电子阅读器也是一笔昂贵的开销，许多普通人无法承担。

第三，技术上存在一定局限性，阅读器的设计不够友好。当时的电子阅读器使用液晶显示屏，和电脑一样容易引起视觉疲劳。阅读器还缺少反馈与沟通的功能，导致与用户的交流缺位，知识的宣传效果和读者的售后体验都不是很好。

第四，定期连续出版物还没有准备好进入电子出版时代。尽管阅读器被称为"电子阅读器"，但观察使用者的态度和使用模式就会发现，阅读器在很多方面更适合阅读定期连续出版物。但由于处于初始阶段，经验积累还不够丰富，也尚未摸清楚电子图书的市场潜力和读者具体的阅读需求，当时连续出版商还未准备或者并未意识到要进入阅读器市场。

另外，电子书分销平台缺位、电子图书格式复杂繁多等也是第一代阅读器失败的主要原因。其中一些问题至今仍然存在，困扰着第二代阅读器的发展。

3. 当下电子图书的发展

当下进入电子图书产业的成长期，也就是第二代电子阅读器时期。其中，2004—2007 年是第二代电子阅读器时期的第一阶段，是第二代专用阅读器生产的

---

① 贺子岳：《数字出版形态研究》，武汉大学出版社，2015，第86页。

早期，其产品基本未获成功；2007年至今则是第二代电子阅读器时期的第二阶段，也是电子图书产业真正的成长期。

（1）第一阶段

在第二代阅读器早期，日本索尼公司是生产电子阅读器的先驱。索尼早在2004年3月就上市了一款电子阅读器，售价4万日元，同时开始了电子图书的租赁服务。不过，由于内容支持不力，该款电子阅读器收效甚低，并未获得成功。不过，相对后来亚马逊的Kindle，索尼的这款阅读器也具有开创意义，而且它也是世界上第一款采用电子墨水技术的电纸屏电子阅读器。

2006年9月，索尼重整旗鼓再次发布了运用电子墨水技术的电子阅读器Sony Reader PRS-500，这在当时来说是一场阅读方式的技术革命。索尼专为用户准备了与之相关的电子图书商店以供读者购买各种读物，但350美元高昂的售价，以及操作中的一些不便，导致市场反响不佳。2007年，索尼又推出了升级版Sony Reader PRS-505，它的亮度、响应时间和对比度都比第一代产品提高了20%，技术的进步使其能够支持多种格式的电子图书，价格也比前者降低了50美元。

荷兰伊利兰特科技有限公司也是电子阅读器发展道路上的探索者。2005年，伊利兰特公司推出了电子阅读器伊利亚特，它是首款使用全屏手写技术的电纸屏阅读器，当时引起了强烈反响。伊利兰特还以专攻大屏幕阅读器著称，曾一度取得佳绩，但令人惋惜的是，伊利兰特公司终在2010年电子阅读器春天来临之际由于经费耗尽而宣布破产。

在国内，2006年12月，天津津科电子有限公司推出了我国第一款电子墨水屏阅读器产品翰林V8和翰林V6，但市场反馈不是很好，不久之后便停产。作为从21世纪初就涉足电子阅读器行业混战的中国厂商，在投产电子墨水屏阅读器后，天津津科便与日本索尼、荷兰伊利亚特公司并称世界三大电子阅读器厂商。在2008年前的国内电子阅读器市场上，天津津科也一直享有"南金蟾，北津科"的盛名。"南金蟾"指广州金蟾软件研发中心有限公司，也是一家一直致力于电子阅读器事业发展的公司，早期曾经与天津津科和荷兰伊利亚特等公司合作销售电子阅读器，并开发有自己的液晶屏阅读器"易博士"，之后在2007年推出电纸屏阅读器，[①] 并在内容上以与期刊和报纸合作为特色，也取得了一定的成绩。

① 郝振省：《2009-2010中国数字出版产业年度报告》，中国书籍出版社，2011，第217页。

在本阶段，以索尼为代表的商家已经认识到电纸屏技术的价值。索尼是这一时期的先锋之一，其洞悉硬件的作用，但在依赖内容的电子阅读器领域内，它们对内容产品的提供力度不足。因此，在多种因素的影响下，索尼并未将电子阅读器真正推向商业上的成功，后来的亚马逊则更加洞悉内容的价值，所以一再拉低终端的价格，同时绑定内容的销售。电纸屏是这一时期最大的技术创新，它的视觉感与纸书非常相近，为后期 Kindle 的成功打下了市场和技术基础。

（2）第二阶段

2007 年至今是电子图书产业的真正成长期。这一阶段的阅读器以电纸屏为主，液晶屏为辅。所谓电纸屏，一般指电子纸，也叫数码纸，是一种超薄、超轻的显示屏，可以理解为"像纸一样薄、柔软、可擦写的显示器"。电子图书成功的商业模式始于亚马逊第一代 Kindle 的推出，而后手机开始作为阅读终端，电子图书的发展逐渐走向成熟。这一阶段，国内外电子图书商业模式基本成熟，阅读器产品日渐多样化，内容分销平台经营成功。

亚马逊于 2007 年推出第一代 Kindle，被视为世界数字出版发展史上的里程碑。Kindle 是一款应用电子墨水技术的阅读器。同期亚马逊还推出了 Kindle Store，为 Kindle 用户提供内容产品。2009 年 2 月初，亚马逊推出了第二代 Kindle；同年 5 月，亚马逊公司又推出了其 9.7 英寸屏的 Kindle DX，旨在进军高校教科书及电子报纸市场；10 月，亚马逊公司又推出了 Kindle 国际版。电纸屏阅读器的连续推出和 Kindle 电子图书销量的持续增长，使亚马逊在短短的两年内就稳坐上了电子图书霸主的地位。随着 Kindle 越来越得到认可，亚马逊的商业模式也日益成熟，成为电子图书行业学习的典范。

在亚马逊紧跟时代潮流带领电子图书产业进一步发展的同一时期，其他公司也在努力占领电子图书的市场。2009 年，谷歌与索尼达成合作，将 50 万种公版图书提供给索尼的电子图书网站，这一举措为索尼电子图书的发展提供了坚实的资源基础，使得当时索尼的电子图书销售网站可供图书品种数超过 60 万种，能够最大化满足读者的阅读需求。索尼此举是为了打造内容分销平台，最大化长尾营销带来的效益。同年 10 月，美国最大的实体书店巴诺书店推出了电纸屏电子阅读器"Nook"。该阅读器是双屏阅读器，即屏幕为一块电子墨水屏幕加一块液晶触摸屏。用户可以通过小屏幕上的触摸操作来浏览图书目录或更改设置，再通过上方大屏看书。在技术上特别值得指出的是彩色电纸屏阅读器的推出，2009年上半年，富士通公司正式销售可支持 26 万种色彩的电子阅读器，这是世界上第一台商业销售的彩色电纸屏阅读器。

电子阅读器的产量等统计数据主要来自几家市场分析公司。全世界电纸屏阅读器的上游厂商几乎都集中在中国台湾，因此来自台湾的数据受到了重视。据媒体报道，全球电子阅读器的销售量在 2008 年是 70 万台，2009 年是 382 万台。市场经济信息提供商 IHS 公司公布的《IHS iSuppli 中小尺寸屏幕产品市场跟踪报告》显示，2010 年纯电子阅读器全球出货量为 1 300 万台，2011 年达到 2 710 万台，后续几年，纯电子阅读器仍然保持增长趋势，只是增速渐渐放缓。到了近几年，也就是 2020 年以来，由于手机移动客户端的普及以及各种适用于手机的阅读软件的研发和推广，电子阅读器的全球出货量慢慢降低到一千多万台，2021 年大约为 1 300 万台，2022 年有所增长，约 1 500 万台。增速的放缓甚至变为负增长，是读者阅读兴趣、技术发展、社会环境等多种因素共同造成的，但由于对纯电子阅读器的需求一直存在，如学生、教师等人群，电子图书产业将会保持在相对平稳发展的一个状态。尽管电子图书产业迎来发展平缓期，但对新品的研发脚步并未停止。例如，2022 年 9 月 29 日，亚马逊发布了新一代 Kindle Scribe 阅读器。这是 Kindle 品牌下首款支持手写笔的电子书阅读器，配备了可磁吸附在屏幕的手写笔，可以快速记笔记，对内容圈点批注，还支持 Word 一键导入、PDF 批注等功能。

从市场占有份额来看，美国是世界上电子图书产业发展最为成熟的国家。在美国，自 2007 年 Kindle 上市之后，不但 Kindle 等专用电子阅读器销量持续增加，而且其内容产品销售涨势惊人。种种成就说明美国电子图书业已经形成了成熟的商业模式，包括上下游之间的合作模式、利润分成、定价规则等。另外，世界上主要的电子图书大商也在美国，如亚马逊、巴诺、苹果及谷歌，它们之间已形成了有序的竞争局面。

在国内，2009 年被认为是中国电子阅读器市场发展元年。百道新出版研究院的《2011 年中国电子书产业研究报告》显示，2009 年，电子阅读器上市品种暴增到 41 种，到 2010 年，上市品种增加到 94 种。专业研究机构清科研究中心发布的《2010 年中国电子阅读器市场报告》显示，2009 年国内电子阅读器销售量达 61.18 万台，同比增长 4 倍多。2010 年，电子阅读器市场一片繁荣，电子阅读器销量达 103.49 万台。不过，在 2010 年之后，苹果公司的 iPad 成功上市，掀起了"平板电脑热"，加上大屏幕智能手机的普及，国产电子阅读器产业受到冲击。2011年，国内市场掀起了一波接一波的降价狂潮。汉王电子阅读器大幅降价，最高降幅超过 40%。随后，纽曼、爱国者等涉及电子书的企业纷纷跟风降价。价格调整后，国产电子阅读器陷入利润下降乃至亏损的尴尬境地。不久后，众多品牌退出市场，电子阅读器的发展进入低谷期。

电子阅读器的发展进入低谷期后，电子书行业从售卖终端时代走向平台竞争时期。国内比较有名的电子书销售平台有微信读书、京东读书、网易云阅读等，此外还有许多以网络文学和声频为主的平台，如喜马拉雅等。2022 年 6 月，Kindle 宣布旗下相关的软硬件业务将于 2023 年 6 月 30 日彻底退出中国市场。[①] 由于 Kindle 在中国电子图书市场上占据重要位置，它的退出意味着国内图书市场在一定程度上面临重新洗牌，这加剧了国内几大电子阅读器品牌的竞争，同时使国内电子图书行业在竞争中保持一定的活力。

总的来看，我国的电子阅读器市场和平台都经历过惨烈的竞争。其中，传统出版商难获成功，科技公司、电商平台、终端设备商、门户网站等都跨界参与竞争，整个电子图书市场在多元化竞争中保持着基本平衡。

（三）电子图书的种类

电子图书虽然都是计算机时代、互联网时代的产物，但随着时间发展也出现了不同的种类。一般来说，电子图书有以下几种分类。

1. 封装型电子图书

封装型电子图书也称光盘电子图书，包括以 VCD、CD、DVD 为主要载体的数字音像制品和以 CD-ROM、DVD-ROM 等为载体的多媒体电子出版物。其特点是容量大，可以融文字、图像、声音于一体。部分出版社、报社和杂志社把光盘作为重要的出版品以适应读者的需要。一种是将已出版的刊物内容制作成光盘，类似于过去出版的合订本；另一种是随书籍附送光盘，这在 IT 类书籍中很普遍，光盘中通常是一些软件、视频教程或者素材等。封装型电子图书的局限在于其只

---

① 李星星：《电子阅读器在2022年拐了个弯》，https://m.thepaper.cn/baijiahao_20764940，访问日期：2023年9月16日。

能在计算机上进行单机阅读，阅读形式不是很灵活。

2. 网络型电子图书

网络型电子图书是指以互联网为媒介，以电子文档的方式发行、传播和阅读的电子图书。网络型电子图书可以跨越时空和国界，为全球读者提供全天候服务，其阅读渠道主要有免费的网络型电子图书网站和收费的网络型电子图书系统。免费的网络型电子图书网站大体可分为公益网站、商业网站和个人网站，其中较具代表性的有中国青少年新世纪读书网等。需付费的网络型电子图书系统的代表有超星、书生之家、方正 Apabi 和中国数字图书馆等。网络型电子图书依托互联网的海量资源，方便快捷的同时能够接触各种各样的图书。但是，书的数量越多，质量参数就会下降，读者在辨别书籍好坏上所花的时间就越多，这也是网络型电子图书存在的缺陷。

3. 便携式电子图书

便携式电子图书是介于封装型电子图书和网络型电子图书之间，特指一种存储了电子图书内容的电子阅读器，人们可以在这种电子阅读器的显示屏上阅读存放在其中的各种图书。一个电子阅读器中可存放成千上万页的图书内容，并且图书内容可不断购买增加。电子阅读器相当于电子图书纵深发展的产物，它只为用户提供阅读服务，专注于电子书籍的翻阅与查找，能够使读者在使用时的阅读体验感更强。其电子界面也十分简洁、干净，有些还设置了护眼模式，提供最接近纸质阅读的视觉感受，更契合"阅读需要静心、专注"的需求。

（四）电子图书的特点

依托网络技术的进步和发展，电子图书具备与传统图书完全不一样的特点，具体体现在以下几个方面。

1. 容量大

电子图书不再依赖纸张，而是以数字形式存储在磁性介质上。传统图书往往仅限于一本书籍的内容，而通过一台电子阅读器就可以阅读大量书籍。超大的存储空间大大降低了图书的体积，极大地节省了藏书空间、减轻了藏书压力，为在既定空间范围内更多、更全面地存储图书提供了前提和可能。一部 TXT 格式的

《水浒传》大小不过数百 KB，PDF 格式的文本也不过 2 MB，尚不及一个 MP3 格式的普通音乐文件；普通的电子书阅读器的存储能力动辄数 GB、十几 GB。而且，电子图书的制作也非常方便，一些简单、常用格式的电子图书，只要拥有初级的计算机操作技术就可独立制作，网上也有许多功能丰富的电子图书制作软件可供使用。另外，电子图书成本低，利于环保，能够在一定程度上保护森林资源，减少生产污染，从而推进绿色出版。

2. 互动性强

电子图书突破了传统图书信息传播者和信息接收者之间的信息单向流动的限制，任何用户都可能成为信息发布者，即出版者。数字出版的交互技术应用在了电子书中，读者在操作电子阅读器时，如对电子书的内容等产生了任何疑问，都可以通过相应的按钮及选项发表意见，既可以是针对作者的，也可以是针对技术开发者的，还可以是针对出版机构的，还能与书友就文章内容进行探讨。只要在不同的留言互动区提出问题与反馈，对方就能及时地收到，并迅速对问题进行处理，双方由此形成了沟通互动模式，读者逐渐从被动走向主动。因此，可以说，电子图书的内容是双方共同意愿下的成果，既表达了出版方的出版意愿，又加入了读者的需求，让读者感觉到强烈的存在意义。

3. 形态丰富

电子图书实现了对文字、图像、音频、视频等各种媒体形式的完美兼容，其内容丰富、生动，是传统图书无法比拟的。大部分格式较为复杂的电子图书都提供了丰富的辅助功能，如内容选择、页面缩放、页面导航、自定义页面显示方式、添加注释和标记、页面打印等，特别是检索功能，帮助读者突破了传统图书线性阅读方式的束缚，节约了阅读时间，提高了知识信息的获取效率。

4. 便于保存

电子图书的存在方式是数字代码，不容易遭到破坏，即使遭到破坏也能够修复如初；传统书籍的纸质书页则有较高的保存要求，随着时间的流逝还会出现泛黄等现象，因此电子图书更便于保存。这使得电子图书的使用价值更高，因为读者可以反复阅读、反复利用，而不会出现损坏。

不过，电子书籍也存在一些局限。例如，无法给予读者类似阅读纸质书的沉浸感、体验感，长期阅读有损视力健康，依赖电量、网络等其他设施，版权保护困难等。因此，选择阅读电子图书还是纸质图书，取决于个人喜好和阅读条件，这也是信息技术高速发展的时代下仍然有相当一部分人爱好阅读纸质书籍的原因。

（五）电子图书的格式

电子图书的种类是以阅读终端或阅读设备的形式来划分的，而电子图书格式则描述的是阅读系统。阅读系统是指能够发布和存储电子图书，并能为读者利用的软件与硬件统一体，主要包括属于硬件设备的专用阅读器和基于软件范畴的阅读器文件。目前，国内外电子图书格式有数十种。国际上比较常用的格式包括Adobe 的 PDF、微软的 LIT、亚马逊的 AZW 等，国内包括方正的 CEB、超星的PDG，以及中国学术期刊网的 CAJ 和维普的 VIP 等。传统 PC 阅读时代，PDF 格式一直是国内外应用最广泛的电子图书格式。

由于数字出版发展初期面临由传统出版流程向数字出版流程过渡的问题，PDF 文件作为一种面向印刷流程的电子图书格式，因其能够比较真实地反映原文档的格式、字体、版式和图片等要素，获得了众多出版商的认可，一度成为公认的行业标准。然而随着跨媒体出版的兴盛，尤其当电子图书载体逐步向移动终端过渡，PDF 格式的诸多不适逐渐显现出来。主要有以下几种原因。首先，这种格式是专门针对标准纸张打印设计的，无法自动调整页面宽度以显示在不同尺寸的屏幕上，也就不具备不同终端的适配性；其次，PDF 作为版式文档缺少很多文档逻辑结构信息，无法方便地实现图文分置等数据解析以适应日益复杂的应用需求，后期如需调整则比较麻烦。因此，尽管 PDF 是一种较为成熟的文档格式，但从未来发展方向看，它并不是一种理想的电子图书格式。

国际方面，目前电子图书格式标准处于封闭格式与开放格式标准共存的局面。前者以亚马逊 Kindle 为代表的电子阅读器的专有格式为主导，后者以 EPUB格式为代表。作为一种专门针对 Kindle 电子阅读器的专有格式，AZW 格式一经推出就处于争议之中。但由于拥有庞大的内容资源与用户资源，亚马逊一直试图将该格式打造为电子图书格式的行业标准，并以此统领整个电子图书产业链上下游。[1] 据国外媒体报道，随着Kindle 阅读器在电子图书市场上日趋普及，AZW 专

---

① 贺子岳：《数字出版导论》，武汉大学出版社，2022，第81页。

有格式也在一定程度上成为业界的主导标准。不过，随着新兴力量的崛起，电子图书产业逐渐呈现出多元化的发展趋势，亚马逊在图书行业的主导地位在不断受到挑战，随之而来的是越来越多对 Kindle 专有格式标准的质疑和反对，如微软等 IT 公司与出版商、出版物经销商等联合主导研发的开放格式 EPUB 就在很大程度上影响和制约着 Kindle 格式的普及。近年来，随着索尼、谷歌、苹果等大型 IT 公司宣布其产品支持 EPUB 格式，该格式的国际影响力不断加强，已逐渐成为国际电子图书格式的通行标准。

国内方面，电子图书产业一直由 IT 行业的公司引领发展。其中方正公司因与众多内容提供商保持长期的合作关系，掌握了大量正版图书资源，它主导的电子图书格式占得较大市场。方正早期针对在电脑上阅读数字图书馆内的电子图书资源而推出了 CEB 格式，随后面向电子阅读移动终端研发了 XEB 格式，最近又推出一种独立于软件、硬件、操作系统、打印设备的 CEBX 文档格式规范。作为完全高保真的中文电子图书格式，CEBX 文档格式能够保留原文件的字符、字体、版式和色彩等重要信息。另外该格式完全基于 XML 结构化描述，相比于 PDF 等格式具有更强的数据交换和解析能力。

除了上述几种格式，常见的电子图书格式还有 EXE 格式，可以直接打开阅读；CHM 格式，一般用于软件的帮助文档，在 Windows 环境下可直接打开阅读，CHM Reader 是 Pocket PC 上专门用来阅读 CHM 文档的工具；PDG 格式，超星图书网的一种存储格式，一般用超星阅览器来阅读；WDL 格式，北京华康信息技术有限公司开发研制的一种电子图书文件格式，需要用该公司专门的阅读器来阅读；NLC 格式，中国国家图书馆的电子图书格式；手机支持的常用电子书格式有 TXT、JAR、UMD 等。TXT 格式最为常见，也就是纯文本格式，很多数码产品支持 TXT 文本阅读，也可以安装阅读器到手机上阅读；UMD 格式支持图片和音频，可以看漫画，阅读时可配有背景音乐。

二、数字期刊

（一）数字期刊的定义

从广义上来看，数字期刊可以定义为通过互联网传播发行的杂志、快报、通信、电子论坛等。从狭义上来看，数字期刊就是指一种制作精良、内容精粹、信息集束、具备期刊形式的图文、数据、音视频综合运用的电子出版物。数字期刊经由电子期刊、互联网期刊、数字化期刊等概念演变而成，连续性和数字化是其具备的两个最基本的要素。

从产业形态看，数字期刊出版活动主要包括三种方式：第一，传统纸质期刊数字化；第二，构建数字出版平台整合发布数字化的期刊内容；第三，开发多媒体期刊在线平台出版发行完全数字化的期刊。目前，数字期刊出版主要表现为网络数字期刊出版和期刊在线数据库出版两大类。

（二）数字期刊的发展历程

数字期刊的发展可分为三个阶段，即电子化阶段、网络化阶段、数据化阶段。

1. 电子化阶段

1958年4月，有"信息检索之父"之称的德裔美国学者汉斯·彼得·卢恩在IBM杂志发表了文章《机编文摘》，描述了使用计算机编辑出版物的工作流程，受这篇文章的启发，化学文摘社找到卢恩，并在其协助下，于1961年1月出版新创刊的《化学题录》双周刊，在出版印刷版的同时发行磁带版，标志着数字期刊的开端。1965年，美国国家科学基金会资助化学文摘社进行计算机期刊排版开发研究，化学文摘社研究团队利用计算机对210万种化合物进行登记，并于1967年开始用计算机编排期刊各卷索引内容。期刊的数字化和检索便首先在一部分学者中推广开来，并逐渐对社会产生影响。到20世纪六七十年代，微缩平片、微缩胶卷、磁带已经成为了索引型期刊的出版载体，并被广泛用于联机情报检索系统。1978年，《化学文摘》将索引中的新书栏目更改为新书和视听资料，标志着一般期刊中胶片和磁带等出版形态的繁盛。[①] 到了20世纪80年代，图书馆开始引入以磁带、磁盘为载体的电子化期刊，并作为一种传播形式向订阅者分发。到20世纪90年代初，光盘电子期刊成为数字期刊的主要形态。

这一阶段的磁盘电子期刊是最早的数字期刊形态，它是伴随着计算机技术的发展而产生的。这时的电子期刊其实不算真正意义上的出版，因为这类期刊是非专业的出版者，即一些自由作者或者几个有相似想法的人，通过非正式的出版流程制作的期刊出版物。期刊作者将电子期刊的内容刻录到磁盘，并通过邮件发送

---

① 张新华、高腾：《学术期刊的数字化生存与发展》，《军事记者》2021年第7期。

到用户手中，用户根据自己的喜好可以选择订阅或是否续订。这也是一个出版内容单向流动的过程，用户在这一过程中是被动接受的。之所以说此时的电子期刊是不够专业的，因为大多数作者都是凭借着创作热情和兴趣完成作品，且期刊没有固定的主题，几乎所有领域的主题都有所涉猎，如计算机行业、时尚行业、医疗行业、建筑行业等。

2. 网络化阶段

1985 年，美国斯坦福大学的高德纳，成功开发出能够包容文字、数字、图形的网络处理系统，解决了期刊文章、学术论文在网络上出版的主要问题；同时，一批队伍健全、专门服务于期刊文章、论文刊登的队伍涌现于网络，催生了正规、正式的数字期刊的诞生。1991 年 9 月，美国科学促进会和俄亥俄大学图书馆中心发布了《最新临床实践联机杂志》，这是世界上最早的联机期刊杂志之一。1997 年，相关机构统计数据显示，网络上相关学术期刊和论坛数量从 1991 年的 175 个增长至 1996 年的 2 375 个。[①] 到 20 世纪末，国际上的主要期刊出版商如爱思唯尔、施普林格、威利等纷纷推出学术期刊、杂志出版平台，推动了期刊数字化和网络化的发展。

在国内，1994 年，互联网的引入推动了我国数字期刊的进程。1995 年，《神州学人》期刊正式发布网络版，并建立了相关网站，成为我国首家网络媒体。同年，《中文科技期刊数据库》《中国学术期刊（光盘版）》等纷纷涌现，《中国学术期刊（光盘版）》是我国第一个大规模集成化的全文电子期刊。

1998 年，"万方数据资源系统数字化期刊"上线，其能够为读者提供全文检索服务，大大提高了读者的阅读效率。一年后，以其为基础的"中国期刊网"正式投入使用，涵盖 6 600 种中、英文期刊全文、摘要、引文信息，标志着我国学术期刊网络化建设迈出了重要一步。

2000 年，维普资讯网开始为广大读者提供期刊阅读服务。2006 年《中国学术期刊网络出版总库》通过新闻出版总署鉴定验收。伴随着期刊平台的形成和发展，数字期刊渐渐形成了两种模式：一是较权威、较大型的期刊自建的网站或者社区，如《自然》《科学》等杂志建立的网站；二是期刊与期刊内容集成性网络

----

① 中国科学院文献情报中心研究发展部：《中国科学院第十一次图书馆学情报学学科学讨论会文集 1999》，中国科学院文献情报中心，2000，第147页。

平台合作，通过将期刊内容授权给期刊数据库或相应网络平台来实现期刊的数字化、网络化。

总的来看，这一阶段的数字期刊出版尚处于试验阶段。数字技术与互联网的持续发展，致使整个出版行业都卷入变革的潮流中，传统期刊行业也是如此。许多传统期刊开始接触互联网，有的自己建立期刊网站，有的将期刊挂在门户网站中，仅仅将传统期刊转变成网络版本，在内容、排版上没有任何改变，可以说只是将传统期刊直接移植在网络上而已。另外，此时数字期刊的应用主要是在学术界，一些网络的爱好者和学术团体承担了数字期刊出版者的角色，目的在于促进学术交流。

值得一提的是，此时为了保护作者及期刊社的权利，网络版期刊基本上没有用户下载功能，用户只能在线阅读。在这个阶段，传统期刊建设网络期刊的目的一方面是为了扩大传统期刊的影响力，让网络版期刊作为传统期刊的延伸，在网上吸引用户的阅读，然后再让用户花钱购买纸质期刊；另一方面也是期刊顺应时代发展，尤其是学术期刊引领科技浪潮的一种表现。

3. 数据化阶段

随着互联网的迅速发展，进入 21 世纪后，数字期刊在技术运用上实现了历史性突破，多媒体元素的加入使数字期刊在表现形式上有了巨大变革，P2P（点对点）技术的应用是产生数字期刊全新传播方式的基础，这一阶段是数字期刊发展成型的阶段。2006 年，明星电子杂志成为一个网络热点，文娱产业成为继学术力量之后的又一个推动数字期刊进程的重要力量。2010 年之后，移动互联网迅速普及，大数据技术、物联网技术、人工智能技术、虚拟现实技术、区块链等带领人们步入一个全新的时代，这些新一代信息技术在传媒和出版领域的应用日渐扩大，媒体融合不断深化。在期刊的生产和传播领域，数据代码也成为期刊内容生产的重要动力，数据本身也成为学术研究的重要议题，数字期刊的发展正式进入数据化发展阶段。

数据化阶段的数字期刊不再仅仅是传统期刊的电子化翻版，而是能够突出网络特点的特色化期刊。网络期刊逐步改变了以往复制传统期刊为主的模式，开始了数字化的编辑出版手段，其在排版、内容设置、栏目等都与传统期刊不同，有了自己的特色，并且只在网络上发布、传播。相比前两个阶段数字期刊的传播方式，这一阶段的数字期刊不再是单向地向读者发送期刊，而是吸引读者进入网站，加入相关社群，加大与读者的互动，也为读者的反馈提供了一个更加畅通的渠道。由此，数字期刊与传统期刊呈现出了完全不同的两种形态，数字期刊也有专门的制作团队和编辑团队，其内容质量与传统期刊相比并不逊色，而且形式更加灵活，更能显示出网络技术与数字技术的特征。

传统期刊的数字化转型经历了二十余年，不论是在观念上还是实质进展上都有很大的突破。数字期刊在网络的不断传播中逐渐形成自己的品牌、口碑，拥有的用户群体也越来越庞大。数字期刊的发展，也在不断改变着期刊产业的整体格局。[①]

（三）数字期刊的特点

1. 阅读形式灵活多样

数字期刊存储空间大，能承载大量内容；能够实现实时出版，只要编校完成就能及时发布，如果发现编写错误也能及时修改；数字期刊使读者订阅更加便捷，读者依照自己的喜好选取感兴趣的内容订阅，无须整本购买；互联网的便利性也能实现读者与作者的互动交流。

与传统印刷期刊相比，数字期刊的表现手段更加多样化，它可以插入音频、动画等新媒体，更直观地将内容传递给读者。印刷型期刊以纸张为载体，一般是由一定数量、尺寸统一的纸页装订而成，在排版上受到了严格的限制，数字期刊摆脱了这种局限性，可以依据每个部分的独立性或联系性进行排版；读者可以在数字期刊中利用搜索引擎准确且快速地定位所需要的内容，即使这篇文章已经发布了很久。读者还可以在互联网上大范围搜索自己想要的内容。另外，与传统期刊相比，数字期刊又一重大突破是超文本链接功能。从这个意义上来讲，如果说传统的期刊阅读方式是纵向的、线性的，那么数字期刊的阅读方式则是横向的、非线性的，因为超文本链接能够为读者就文章中疑难点做出横向延伸，从而使读者建立起一个更加立体的知识体系。

---

① 贺子岳：《数字出版导论》，武汉大学出版社，2022，第93页。

2. 与技术相伴相生

数字期刊的进步和发展都是以网络技术的进步和发展为基础的，数字期刊的每一次突破性进展都基于技术研发的新成果，其实，数字期刊可以视为技术在期刊领域的具体表现。在数字期刊发展初期，内容是以文字为主，图片仅仅起到辅助作用，整体的排版其实与传统的期刊差别不大，但是效果却比传统出版差很多。究其原因，是因为数字技术不够发达，尚未开发出兼容文字、图片、视频、音频等的网络程序。随着技术的不断进步，数字期刊突破原有瓶颈，在内容排版上使用滑块等工具，实现了动态、互动的阅读效果，即使每篇文章的内容再多，都可以排版在一个适中的页面里，不需占用太大空间。图片放置位置也是如此，运用图片重叠技术，大量图片都可放在一个栏框里，读者可以随意翻阅。还有各种动态图表、H5 的运用等，也丰富了数字期刊的形式。数字期刊的容量、形式增加的背后是技术深入社会各方面的体现。

3. 对传统的继承和扬弃

数字期刊对传统期刊的继承一方面体现在其排版总体上还是沿袭传统期刊的模式，主要是因为其模块具有固定性，为方便读者查阅，版面编排、内容结构等大多是固定的。另一方面，数字期刊的出版流程与传统期刊的差别并不是特别大，都是通过选题策划、组稿、审稿、校对的环节再进行出版。但是数字期刊少了制版与印刷两个环节，这两个环节被网络替代。而数字期刊对传统期刊的扬弃除了体现在前面提到的丰富了呈现形式、减少了不适用的板块、增加了读者在线交流沟通栏目之外，还有内容选择。数字期刊是信息时代的产物，刊载的内容也更符合网络时代的阅读审美，它更适用于现代的碎片化阅读，内容也相对纸质期刊要浅显一些。

不过，数字期刊的发展也并非与技术的突飞猛进完全保持同步，也存在一些发展局限。

首先，数字期刊的盈利尚难。由于互联网信息共享的特点，许多用户不适应数字出版的付费模式。尤其数字期刊行业如果没有一个固定的盈利模式，将很难获利，进而难以实现可持续发展。数字期刊自出现以来，一直在寻找适合自己的盈利模式和稳定的收入来源，现在大部分数字期刊还在依靠广告、版面费实现微薄的盈利。由于读者的付费意识还没有完全形成，所以目前的数字期刊只有很少的一部分进入了稳定的盈利阶段，大部分数字期刊仍旧处于摸索阶段。未来，加大付费意识宣传的同时，期刊本身还需要做好内容建设，以培养稳定的付费读者群。

其次，数字期刊对设备具有较高的依赖性，读者需要通过特定的设备来读取，虽然目前已经出现许多小型便携设备，如移动手机、电子阅读器等，但这些设备的屏幕有限，幅面很小，阅读起来较为局限，也不便于笔记记录等。未来，数字期刊还应该在提升阅读体验上加大建设力度。

最后，数字期刊有可能造成误读，尤其是学术期刊。这是源于数字期刊在内容选择和呈现上会选择更容易理解的方式，这就意味着内容的编辑需要进行一定的转化和简化，但是一些复杂深奥的内容并不适用于简化，强行缩减、强行转述很可能造成学术误解。这需要数字期刊的编辑队伍在工作中保持十二分的谨慎，多与专家学者沟通，无法转化的可以考虑刊载其他的内容。针对一些比较具有科学性的文章和研究成果，编辑团队需要报以更加严谨的态度，更有效地促进科学知识的理解与普及。

三、数字报纸

（一）数字报纸的定义

关于数字报纸的确切定义，国家新闻出版总署数字报业实验室给出的定义是：多媒体数字报纸是利用基于互联网的新媒体技术和传输手段，对纸质报纸的内容和版面进行数字化改造与拓展的新型报纸。

从媒介形式来讲，数字报纸是指报纸的新闻稿件和图片资料以数字形式存储并供读者阅读使用的一种媒介；从新闻制作过程来讲，数字报纸是指利用数字技术，对新闻内容进行采集、获取、编辑等，待稿件编辑完毕后，利用互联网进行传播，最终用户通过阅读终端获取资讯。因此，数字报纸是数字出版的具体形态之一，也是一种新的媒介形态。数字报纸融合了网络阅读新闻的方便与快捷，同时又保持纸质报纸的版式。它以报纸的形态进行聚合发布以此区别于传统报纸将单条稿件以网页形式发布，并借助数字信息技术从选题、采访、编辑到录入、发行乃至订户管理来对传统报纸进行数字化改造。

（二）数字报纸的发展历程

1. 国外数字报纸的发展历程

欧美发达国家的数字报纸发展较早，从其发展历程来看，数字报纸发展特点可以概括为以互联网为核心，以内容收费为基本模式，以数字化技术和新的信息终端为基本路径。[①]

1977年，加拿大《多伦多环球邮报》首次通过 info globe 提供报纸文本的自由检索；1987年，美国加利福尼亚州的《圣何塞信使报》为读者提供电子版，标志着数字报纸的开端。到20世纪末、21世纪初，国外已经有多家报纸开始推出电子版，并积极地根据互联网的特点调整排版和内容。在美国，金融危机加速了纸质报纸的衰落，一定程度上为数字报纸的崛起开辟了道路。2009年，美国甘耐特报业集团、太阳时报传媒集团等四家龙头报业集团在金融危机的冲击下一共关闭了61家报纸，为了渡过这个关口，许多新闻出版公司将目光投向了数字报纸。于是，在金融危机、技术发展等多种因素作用下，许多国际知名报纸相继结束纸质报纸印刷发行，全面转向数字报纸发展道路。

2009年1月，《英国卫报》表示将不再发行任何印刷品；3月，美国赫斯特报团旗下已有146年历史的《西雅图邮报》停止印刷版，完全转向网络；5月中旬，美国又有两家老报《塔克森市民报》和《安阿伯新闻报》宣布最后一期纸质报纸的出版日期，加入从纸媒转向网络经营的美国报纸行列。

总体来说，国外报业自20世纪80年代末以来，面对互联网的冲击困境，创新经营模式，探索适应网络发展的新模式，并以读者需求为导向，推动着报纸的数字化的进程，数字报纸成为不可逆转的趋势。20世纪90年代中期更是形成报纸上网潮。但随着世纪之交网络泡沫的破灭，美国报业的数字化发展徘徊不前，一直停留在将报纸的内容转向互联网的网络版阶段，错失了数字化转型的契机。近年来互联网的重新崛起和个人通信业的奇峰突起给报业再次带来机遇，2008年金融危机刺激美国报业加速经营模式的转型，将数字化视为报业未来，从战略的高度大力发展新媒体模式，以期实现新媒体生态下的传播新闻业变革。

尽管每个国家的数字报纸的发展阶段和发展形态有差异，但也存在一定的共性，具体体现在以下几个方面。

[①] 广东省新闻出版局：《广东数字出版"十二五"发展战略研究报告》，汕头大学出版社，2010，94页。

第一，大力发展新媒体。美国各大报纸重视建设新媒体，加大网站的建设力度，并在网络改版中有意突出自己的特色，突破原有的报纸网络版的局限，以便与网络媒体及电视媒体展开竞争。例如，《华盛顿邮报》为了加强在报纸网络化的投资，将网络化运营专门独立出来，聘请了一位数字媒体 CEO；纽约时报公司也建立了一个新的专门负责数字报纸的公司，该公司独立运作，不再由《纽约时报》直接主管，还有单独的采编队伍，独立核算、独立经营，其经营策略的核心是线上线下互助。另外，《纽约时报》网站的在线报道范围还不断地进行扩展，增加科技报道频道、经济报道频道等内容。

第二，变革发行方式，降低发行成本。2008 年，《底特律自由新闻报》和《底特律新闻》宣布，它们计划将"送报到家"的服务减为一周仅三次；2009 年，如上述提到，国外多家有一定影响力的报纸只发行网络版，取消线下纸质发行方式。可以看到，国外报业普遍改革传统发行方式，利用互联网发展网络报纸，停止发行印刷版，以节省印刷、发行等成本。

第三，积极探索新的赢利模式。由于互联网的繁荣发展，导致读者阅读方式发生了根本性的变革，造成报纸的发行量锐减，报纸的广告收入随之剧减，为了减少对不断下降的广告收入的依赖，拓展新的增长点，一些报纸开始向读者提供在线付费内容，努力探索新的赢利模式。国外的许多网络报纸都充分利用互联网的超媒体和互动功能来提供更多的增值服务。例如，《纽约时报》网络版开发视频广告直接与电视广告竞争，把收费的档案资料与赞助商的广告进行超链接，还提供一种名为"新闻跟踪预报"的付费服务，用户选择感兴趣的新闻主题、确定递送时间和接受平台，报纸客户端按时提供阅读服务。

第四，加强数字报纸与网络的融合程度。为了给读者提供更好的网络阅读体验，国外报业非常重视阅读附加功能的开发，除了平移用户在阅读纸质媒体时的一些习惯之外，还充分利用网络和软件的优势，发挥网络的特性，增加许多新的功能，使读者在阅读时更为方便。例如，数字报纸除了可以像印刷报纸一样翻页阅读外，还可以通过导航条进行快速翻页；阅读时可以对页面的任何局部进行放大、缩小；大多数电子报纸融入了网络信息的组织特点，使信息更有层次感和逻辑性；在一些转页的地方使用超链接等；利用检索工具在页面中查询关键字；等等。

第五，重建读者对于数字报纸的信心。报纸在数字化转型的过程中，如何在提高效益的同时保持新闻品质，重新赢回读者，是报业正在面临的一大挑战。报纸真正的危机并非来自经营，而是来自读者的信任。报业作为独立新闻业，其核心价值与基本目标应是致力于服务公众利益，而不仅仅是经济回报。近年兴起于美国的公众新闻业运动和"新传统主义运动"就代表了这种价值观的回归。报网融合的优势就在于利用新科技加强与读者的交流与沟通，并让读者参与到新闻报道中来，以提升新闻品质，恢复读者对报纸的信心。

2. 国内数字报纸的发展历程

我国的数字报纸发展起步较晚，2006 年，《浙江日报》数字报的发行标志着我国数字报的诞生。由于数字报纸的突出优势，全国大部分主流报社在数字报纸出现的一年多时间内便加入了数字报纸出版行列，造就了数字报纸发展十分繁荣的景象，数字出版已经得到国内报业的普遍认同。2007 年初，全国出版的数字报纸不到 50 份，截至 2008 年底，全国数字报为 697 份，300 多家报社开展了数字报业务，我国数字报纸（含网络报和手机报）的收入达 10 亿元。[①] 其中，以方正为首的报业系统技术方案在数字报纸发展初期扮演了重要角色。

纸质报纸的生命力不会消逝，但从目前的情况来看，数字报纸已然成为报纸的主流形式。多数报业集团和报社都在独立或合作的网站上设计了不同程度的交互功能；有些报社专门在网站的基础上打造一个专门的"报网互动"平台，以增强互动性。不过，随着移动通信网络技术的不断进步，手机出版的数字报也以独特的优势崛起。2008 年全国手机报突破 300 种，全国手机报用户数已超过 5 000 万，北京、广州、杭州、上海等多家手机报发行量超过 20 万份，取得初步的经济收益。[②] 现阶段手机报已经呈现出平台竞争的形式，各大报业纷纷开发自己的 APP，并为新闻提供文字、音视频、互动图表等阅读形式。随着 5G 的大范围应用与 6G 的研发，相信还会有更加多样化的手机报出现。

在政治环境方面，2006 年 8 月，国家新闻出版总署发布《全国报纸出版业"十一五"发展纲要（2006—2010）》，提出了"数字报业发展战略"，中国数字报业实验室同时成立，标志着我国对数字报纸的探索从理念走向实践。国家新闻出版署原副署长石峰曾指出，数字报业是中国报业面对新兴媒体崛起的一种必

① 贺子岳：《数字出版导论》，武汉大学出版社，2022，第132页。
② 万安伦、吕建生：《数字出版导论》，北京师范大学出版社，2021，第100页。

然选择。在不到三年的时间里，数字报纸覆盖了国内1 900多家报纸中的1 000余家。2021年12月，《出版业"十四五"时期发展规划》正式发布，"产业数字化迈上新台阶"作为具体目标之一被提出，同样为数字报纸的发展提供了基本方向和具体工作抓手，预示了数字报纸作为未来相当一段时间内报纸主要形态的发展趋势。

总体而言，我国数字报纸取得了一定的成绩。目前，经过数十年突飞猛进的发展，数字报纸的发展趋势变得相对缓和。2021年中国数字报纸市场规模下降为6.7亿元，同比2020年下滑10.67%，市场进入相对缓和状态。不过，数字报纸的研发仍在持续发力。2021年，新闻媒体与互联网平台加速融合，持续推进技术突破，进一步增强用户体验，提升传播效果；国家主管部门进一步加大治理力度，推进网络新闻行业更加规范。从数字报纸的用户情况来看，网络新闻用户规模在继续扩大，2021年我国个人互联网应用呈持续稳定增长态势，2023年上半年我国网络新闻用户规模达7.81亿，占网民整体的72.4%。其中，新闻资讯APP的用户黏性获得明显提升，尤其在有国际重大新闻的时段，用户更倾向于使用专业的新闻资讯应用程序。[①]

（三）数字报纸的产业分类

一般而言，数字报纸分为互联网数字报、手机报、电子报等几种类型。随着时间的推移和技术的进步，新的产品形态还将不断出现。

1. 互联网数字报

互联网数字报主要分为以下四种形式：HTML网页式、版式化格式（PDF与CEB）、在线多媒体式、离线多媒体式。这几种展现风格互为补充，能够全面提升报社网站黏度，满足各种类型读者的体验需要。

首先，HTML网页式。报纸使用了HTML网页后，版面内容能被搜索引擎收录，方便读者搜索和浏览版面内容。与此同时，HTML网页的每一次显示都是一个直接的网页而并不需要调用数据库，这样不仅能减轻对服务器的压力，还能保证运行速度，方便读者直接打开。

其次，格式化版式。格式化版式就是设计者事先规定好若干设计元素的结构

① 崔海教：《2021—2022中国数字出版产业年度报告》，中国书籍出版社，2022，第83、84页。

与组合，每期把不同的内容填充到相对固定的模板式的版面中。格式化版式具有相对整齐化的特点，读者在阅读的时候不容易产生断层感，在具体阅读时也不需要有过多的视觉调整，读起来更加流畅、方便。固定的格式化版式缩短了生产流程的时间，因此受到业界的青睐。然而，格式化版式也存在一些自身的不足，这种版式的设计要求进行成组成叠设计，同时每一单元的前后形式需保持一致，显得有些单一，一些独特的内容没有太多展现的空间。

再次，在线多媒体式。在线多媒体式即读者在线阅读多媒体新闻内容。在线多媒体式使用的图像形象生动，能对读者产生强烈的视觉冲击，使枯燥无味的内容变得灵活起来，从而吸引读者的眼球，增强传播效果。

最后，离线多媒体式。离线多媒体式即可下载后离线阅读的数字新闻阅读模式。相比于在线多媒体式，离线多媒体式不仅具有前者生动形象的优势，而且对网络的依赖程度降低，下载后随时随地可以阅读。不过，离线式文件量相对较大，读者下载与保存需要一定的时间和空间成本。

2. 手机报

手机报是依托手机媒介，将传统媒体与移动通讯增值业务相结合的产物。在初期，手机报通过彩信或 WAP 网站等形式传播；现阶段，手机报主要借助应用程序使手机用户可以随时随地阅读到新闻内容。手机报的传播方式目前主要有四种。

第一，短信。是比较早期的传播方式，以短信形式发送到用户的手机上，用户进行手机阅读。

第二，彩信。以彩信形式发送到用户的手机上，通常包含图片、音频、视频等多种元素，用户可以离线观看信息内容。但是受到彩信容量的限制，这些彩信新闻并不是很完整，人们通常只能看到新闻的摘要。

第三，WAP。WAP 即无线应用协议，通过这个形式，用户可以使用手机浏览器访问指定的 URL 获取新闻，利用 WAPPUSH 链接来进行新闻的选择性订阅，与此同时，用户还可以通过 WAP 专设的"手机报刊"频道来实现在线阅读。因此，相比于前两种形式，这个形式最大的特点就是具有极高的自由度。

第四，APP。用户可以在手机上下载并安装应用程序来获取新闻。APP 形式是目前最主要的手机报形式，各大主流新闻媒体都纷纷开发自己的应用程序。例如，人民日报社于 2014 年 6 月 12 日推出《人民日报》客户端，这是《人民日报》

适应媒体变革形势，加快推进传统媒体与新兴媒体融合发展迈出的重要一步。值得一提的是，现在的社交媒体尽管不是专门的新闻资讯平台，但许多新闻媒体都开通了社交媒体账号，并进行新闻内容分发。通过社交媒体的媒体账号来获取新闻，亦是当代用户进行新闻阅读的主要方式之一。

手机报的优势有以下几点。其一，有很强的时效性。由于手机不受时间地点的限制，手机用户可以随时随身携带，能够第一时间接收新闻并且及时跟进新闻事件的最新进展。其二，依托手机的庞大用户群，手机报亦拥有庞大的现实和潜在受众。其三，手机报具有很强的多媒体优势，尤其是 APP 形式，能够兼容图片、文字、声音、动画、视频等，可涵盖较大体量的多媒体数据包。通过这个多媒体数据包，用户可以充分调动自己的视听器官去深刻地理解新闻。其四，手机报具有很强的互动性。通过点赞、评论等方式，手机报用户可以与手机报编辑进行及时有效的互动，还能利用一定的程序算法实现个性化的信息分发，体现了一种个性化和人性化传播方式。其五，手机报具有传播速度快和传播范围广的优势。与传统纸质媒体的发行受时间和地域限制的缺陷相比，手机报利用遍布全球的现代化的移动通讯网络，能够迅速及时地把用户需要的信息有效地传播出去。

不过，现阶段手机报的发展也存在新闻内容同质化、盈利模式较为单一等问题，需要加大手机报的队伍建设，培养擅于利用技术，又能输出有价值内容的全方位人才；同时，积极尝试，开通付费模式等，提高数字手机新闻的效益。

3. 电子报

基于电子阅读器的数字报纸，简称电子报。电子阅读器是一种便携的专用电子阅读器，是能够手持、随身携带、显示一种或多种数字出版物格式的电子设备，与上述提到的电子图书阅读器是同一种类型。电子报用户可以通过有线或者无线互联网把某份报纸的所有版面下载到设备中，只需简单的触屏操作就可以翻阅。电子阅览器不仅携带方便、互动性强，其循环利用性也符合现代环保理念。

2006 年 4 月，解放日报报业集团率先在 iRex 电子纸上展现和发布了全球第一份电子报。2006 年 12 月 13 日，《广州日报移动数字报纸》正式亮相，读者可以通过购买一个相当于《广州日报》1/8 版面大小的电子阅读器，下载电子版报纸，随身携带离线阅读。2010 年 1 月 27 日，美国苹果公司 iPad 平板电脑正式发布，同年 5 月 7 日，南方都市报便推出"南都全媒体 iPad 阅读器"，成为首家应用

iPad 的中文媒体。相较于传统手机网页浏览方式，iPad 客户端浏览更方便，拥有量身定做的版式设计如字体、栏目设置等，同时，阅读器与南都网络互动平台无缝对接，用户可以实现投票、评论、微博、报料等全面互动。①

在电子图书受到广大读者青睐的同时，电子报也有过一段时间的繁荣，但随着移动手机端新闻阅读的强势崛起，电子报的发展渐渐滞缓。

值得一提的是，除了将数字报纸分为互联网报纸、手机报和电子报，还可以按照数字报纸的阅读终端，将其分为固定阅读终端类、移动阅读终端类、户外公共阅读终端类。

首先，固定阅读终端类主要是台式电脑和笔记本电脑终端，这类数字报纸包括新闻网站和多媒体数字报。新闻网站可细分为媒体网站和商业网站新闻板块，媒体网站包括报纸、通讯社、电视台等传统媒体独立或联合开办的综合性网站；商业网站新闻板块指商业网站进行新闻信息登载或服务的网站或板块，也包括和传统新闻媒体联合创办的网页和板块，如新浪新闻等。而多媒体数字报是由传统报纸媒体作为内容提供商，架设在网站上，能提供在线下载等多种阅读方式的数字报纸。其次，平板电脑、手机、阅读器等都是便携式的移动终端设备，移动阅读终端类数字报纸有手机报、云报纸等。最后，户外公共阅读终端指设立在户外公共场所的大型多媒体显示屏幕，目前我国对于户外阅读终端的新闻信息服务还处于初级阶段。

总的来说，近年来，随着技术的更新换代，越来越多的新闻媒体重视数字报纸的开发和应用，未来数字报纸的种类也会变得更加多元。

（四）数字报纸的特点

1. 数字报纸的优势

数字报纸是传统报业与现代科技融合的重大创新，也是传统报纸在新的时代背景中的改进与提升。数字报纸既传承了纸质报纸的版面信息和阅读体验，又融合了互联网的快速互动和多媒体等特点，既能及时向大众展示最新的新闻内容，又降低了制作成本，如时间成本、纸张成本等，更以方便的版面导航、丰富的阅读体验、快捷的发布时效和低成本的生产方式，赢得了新闻传播者与新闻接受者的青睐。

---

① 万安伦、吕建生：《数字出版导论》，北京师范大学出版社，2021，第99页。

与传统报纸相比，数字报纸还有一个突出的特点，即用户的地位被提高了，传者和受者的互动性大大增强，每个人都可以是新闻的提供者，新闻发布及时快捷。另外，与传统报纸广撒网的分发方式不同，数字报纸可以借助大数据分析技术，分析出用户的阅读喜好，并形成特定的用户模型，进而为用户提供特定的信息，节省了用户寻找新闻内容的时间，也提高了新闻的接收效率。

2. 数字报纸的缺陷及优化途径

尽管数字报纸具有很大的优势，但也存在一定局限，需要不断优化。

其一，与传统报纸相比，数字报纸的公信力还不足。传统报纸的发展时间较长，新闻内容经过记者层层严格的采集与编辑，由专门的新闻报刊系统发布，内容自然具有权威性。但是数字报纸发展时间短，虽然大部分大型媒体都已经成立了专门的数字新闻制作团队，如《人民日报》也曾打造过"一次采集、多种生成、多元传播"的"中央厨房"数字新闻生产模式，但是，目前来看，数字报纸生产的系统性、规范性、严谨性与传统纸质报纸还存在差距。而且，受众的观念一时也转变不过来，仍然有一部分受众觉得纸质的新闻更可信。因此，为了加强数字新闻的公信力和可信度，媒体自身需要加强建设，把好新闻生产的每一个关卡，坚定自己的立场，不被网络流量误导；同时，也要加强数字报纸与纸质报纸的互动，让经常阅读纸质报纸的人形成数字报纸同样可信的观念。

其二，数字报纸缺乏成熟的盈利模式。网络用户习惯了免费获取信息的方式，大多数情况下不愿意为数字新闻买单，导致数字报纸的发展一直非常缓慢。而且由于用户对弹出窗口、全屏广告等数字广告形式的接受度不高，这使得广告效果不佳。此外，数字报纸的广告通常缺乏创新和吸引力，这也难以吸引用户买单。新闻媒体或许可以从集成性新闻平台的运营模式上得到启发，建立自己的付费模式、会员制度等，或者尝试开发众筹新闻等，另外，还需优化数字报纸广告形式的设计，切实提高新闻生产的经济效益，激发出更优秀的新闻生产模式。

其三，用户体验还不足。数字报纸的用户体验尚未达到传统报纸的水平。在视觉上，虽然数字报纸的版面设计可以更加灵活，但由于屏幕尺寸和分辨率的限制，其显示效果有时不尽如人意。此外，对一些年长的读者来说，他们更习惯于纸质报纸的阅读方式，而数字报纸的交互功能和多媒体元素可能使他们感到困扰。因此，未来数字报纸还需要优化界面设计，使得数字报纸的阅读体验更加舒适、简洁、易于操作。同时，提供个性化的阅读体验，如字体大小、亮度调整、夜间模式等，以满足不同用户的需求。另外，还要积极开发适老化模式，提高年长群体的阅读体验。

其四，技术门槛高。数字报纸的制作、发布及阅读都需要一定的技术支持。对一些年长的用户来说，使用数字报纸可能会遇到困难。此外，一些数字报纸只能在特定的设备或平台上阅读，这无疑增加了用户的使用门槛。因此，未来数字报纸还应该更充分地利用先进的技术手段，如人工智能、大数据分析等，并培养专门的技术人才，以提高数字报纸的制作效率和质量；优化搜索引擎和推荐算法，提高用户搜索和阅读的满意度。同时，尽量提升数字报纸在各个平台和设备的适配性，增强平台之间的连接紧密性，方便用户进行跨平台阅读。

其五，数字报纸缺乏深度报道。由于版面、篇幅以及网络阅读审美的限制，数字报纸往往无法像传统报纸那样进行深度报道，数字报纸的受众也更习惯于碎片化的阅读。在新闻事件发生后，数字报纸往往只能提供简单的信息，而无法进行深入的分析和挖掘。这使得用户在阅读数字报纸时，往往只能了解事件的表面现象，而无法了解其背后的深层次原因，这不利于用户思维体系的建构。因此，数字报纸还需要加强新闻报道的深度和广度，提供更加丰富、多样的内容，还应该擅于利用技术工具来呈现具有深度的新闻内容，如利用 3D 动画效果来还原复杂的新闻过程，或者运用 H5 等形式来剖析新闻背后的深层含义，利用动态、互动图表等来加深用户对新闻的理解等。

第二节　网络新兴出版物

网络新兴出版物是指将信息以数字形式存贮在光、磁等存贮介质上，通过计算机网络高速传播，并通过计算机或类似设备阅读使用的出版物。这类出版物也是电子出版物的一种类型，与之对应的是封装型电子出版物。[①] 两者的主要区别在于前者是通过计算机网络出版发行的，即其创作、交稿、审稿、编辑、出版、

---

① 刘兹恒：《非书资料采访工作手册》，北京图书馆出版社，2004，第4页。

发行等都可通过计算机网络完成；而后者仍是通过传统的出版物编辑、复制、发行等方式生产和销售的。开放存取出版物、网络原生电子书、手机出版物、维基百科全书就是典型的网络新兴出版物。这类出版物具有信息量大、使用方便的特点，它可对信息进行各种处理，检索快速便捷，图文声像并茂，交互性强；省去了印刷、装订、储运等环节，降低了生产成本；出版周期短，信息通过计算机网络高速传播；具有信息获取快、传播快、更新快等特性；具有计算机检索功能、超文本功能，是一种具有强大生命力的大众文化传播媒体。网络新兴出版物允许读者与作者在线上进行直接交流，反馈信息能得到及时反映，改变了传统的交流方式。总之，网络新兴出版物的出现，极大地改变了信息传播的模式，影响着人类知识的组织、传递与获取，提高了人们读书治学、获取信息的效率，给人类社会带来了巨大变革。但是在目前，网络新兴出版物还存在着一些不容忽视的问题，如知识产权保护问题、非正式电子出版物的管理问题、内容质量控制问题等，因此值得详细研究。需要指出的是，一部分网络出版物是由传统出版物发展而来的，与第一节存在交叉点，但本节所讲为网络新兴出版物，所以下面的内容默认排除直接由传统出版内容转化的那部分出版物。

一、开放存取出版物

开放存取出版物与网络原生电子书一样，都是基于 Web 2.0 技术开发出来的网络新兴出版物。这是一种秉承开放、共享、自由宗旨的学术出版物，与过度商业化的网络原生电子书完全不一样。因此，这种出版物非常独特，诞生时就引起了广泛关注。

（一）开放存取出版物的定义

开放存取根据 Open Access（简称 OA）翻译而来，有时也称为开放获取、开放访问、公开获取、开放使用、开放存取出版、公开取用等。据隋秀芝的调查研究，对于 Open Access 的中文译名，国内大多数学者采用"开放存取"，占所调查文章的 60.11%，而"开放获取"占 34.35%。[1] 这说明目前国内学术界对于"开放存取"这一译法的认同度较高。开放存取的定义是随着各种不同的解释而发展

---

① 隋秀芝：《我国开放存取研究述评》，《情报科学》2008年第12期。

的，取决于其支持者实用主义或理想主义的程度。目前，国际上较权威的"开放存取出版物"概念主要来源于《布达佩斯开放存取先导计划》《百斯达开放存取出版声明》（也称《百斯达声明》或《毕士达开放获取出版声明》）和《关于自然科学与人文科学知识开放获取的柏林宣言》（或称《柏林科学与人文知识开放存取宣言》）。

2001 年 12 月，《布达佩斯开放存取先导计划》将开放存取出版物描述为：作品可以通过公共互联网免费获取，即允许任何用户阅读、下载、复制、传播、打印和检索作品的全文，或者对作品进行链接、为作品建立本地索引、将作品作为数据传递给相应的软件，或者对作品进行任何其他出于合法目的的使用，而不受经济、法律和技术方面的任何限制，除非网络本身造成数据获取障碍。对复制和传播的唯一约束，以及版权在此所起的唯一作用是，应该保证作者拥有保护其作品完整性的权利，并要求他人在使用作者作品时以适当的方式致谢并注明引用出处。

2003 年 6 月，由德国、英国、美国科学家共同签署的《百斯达开放存取出版声明》对开放存取出版物进行了条件式定义，认为它应满足以下两个条件。第一，作者和著作权人赋予所有用户免费的、不能撤回的、在全世界范围的获取权利；只要恰当地注明原著者，就可以在任何数字媒介上出于任何可靠的目的公开复制、使用、传播和展示原作品及在原作品基础上创作和传播其衍生作品，并允许所有用户打印少量份数的作品供个人使用。第二，作品发表后，包括所有附件和上述著作权声明在内的完整作品，立即以适当的标准电子格式存放在至少一个在线数据库中，该数据库通常由科研机构、学术团体、政府机关或其他声望很高的单位支持和维护，实现资源的开放存取、无限传播、互操作和长期保存。

2003 年 10 月 22 日，由德国、法国、意大利等多国研究机构在柏林签署《关于自然科学与人文科学知识开放获取的柏林宣言》。该宣言重申了《百斯达开放存取出版声明》中关于开放存取必须满足的两个条件，并且明确强调开放存取的对象和覆盖的学科范围，从自然科学领域向人文科学和社会科学领域延伸。它认为，开放存取的出版物包括原创科研成果、原始数据和元数据、原始资料、图片和图像材料的数字表达及多媒体学术材料。

2012 年 4 月 6 日，联合国教科文组织发表的《发展与促进开放存取的政策指南》提出，开放存取是向所有人提供经同行评审的学术和研究信息的免费存取，要求权利持有人向全世界范围授予不可撤销的存取权利，以便以合法的行动复制、分发、传输和产生任何形式的衍生作品。这是当前国际上对"开放存取出版物"比较新的权威定义。[①]

综上所述，开放存取出版物是一种通过作者将学术著作或者其他作品发布在具有领域内认可度的网络期刊或网络作品数据库中，读者可以通过相应的阅读终端，不受任何经济和法律条件限制，免费地在线阅读、下载、复制网络期刊或网络作品数据库中的作品的一种在线出版物。[②]也就是说，开放存取物要满足两个条件。第一，要正确标明出版物作者的身份，赋予所有利用人在全球范围内免费存取这些出版物的不可撤回的权利，许可其以任何数字媒体的形式并出于合理的目的，复制、利用、发行、转让和公开再现作品，制作和发行经过改编的作品，同时许可其打印少量份数供个人使用；第二，要有作品、附加材料和许可副本，并以适当的标准电子格式存储在至少一个在线文档中（因此获得出版），该在线文档将使用适当的技术标准（如开放文档所定义的标准），由一个学术机构、学术团体、政府机构或某个常设的机构支持和维护，这些机构力求能使开放存取、无限制传播、互用性和长期存档成为现实。[③]

（二）开放存取出版物的种类

根据《布达佩斯开放存取先导计划》，开放存取出版物出版的方式主要有BOAI-1 自建文档（self-archiving，也翻译为"自行文档"）模式和 BOAI-2 开放存取期刊模式。但是，按照美国开放存取领域知名专家彼得·萨伯的说法，开放存取出版的实现途径还应包括个人网站、电子书、邮件列表服务、论坛、博客、维客、RSS 种子、P2P 文件共享网络等多种形式。随着互联网技术的发展和各种新型传播方式的呈现，开放存取的实现途径也逐渐增多。因此，开放存取出版物的种类繁多，难以一一尽述。此处只介绍三种最为明确的类型。

① 许莉：《公共图书馆古旧文献管理与服务》，湖南大学出版社，2021，第215页。

② 贺子岳：《数字出版形态研究》，武汉大学出版社，2015，第238页。

③ 毛玉琪、高士雷：《开放获取应用与实践》，中国农业大学出版社，2016，第161页。

1. 开放存取仓储

开放存取仓储就是指研究机构或作者本人将未曾发表（预印本）或已经在传统期刊中发表过的论文（刊后本）作为开放式的电子档案存储在学科仓储（又称学科知识库）或知识仓储（又称机构知识库）中。其中，预印本一般没有经过同行评审，作者上传这些文献的目的是希望在线征求意见或提醒同行注意自己的研究成果。学科仓储是指某些学科为了加速本学科研究成果的传播速度，以及让研究人员分享彼此的研究成果而设置的学科知识仓储。机构仓储是指以机构为单位来建立的知识仓储。为了能够长期保存机构内部研究人员的科研成果，让公众免费使用，许多大学、科研机构都建立了知识仓储，为开放存取出版物提供了平台。

2. 开放存取期刊

开放存取期刊是基于开放存取出版模式的期刊，通过相关工具建立的开放式存取平台为大众免费提供开放、自由的信息。与开放存取仓储有所不同，开放存取期刊的显著特点在于实行同行评审制度，对期刊发表论文的质量进行严格控制。这种出版物可以分为三种。第一种是完全 OA 期刊，即从期刊论文出版之日起就对所有用户提供全文的即时免费的访问，这是开放存取出版物的理想形式，如 PLoS（the Public Library of Science，美国科学公共图书馆）期刊和 BMC（BioMed Central，英国生物医学中心）期刊。开放存取期刊目录（directory of open access journal，简称 DoAJ[①]）也只收录这种类型的期刊。第二种是延时 OA 期刊，就是期刊出版后没有立即提供免费服务，还是基于传统的订阅模式，但过了一段时间后，通过互联网公开其全部论文的全文。典型的就是对期刊过刊内容实施免费访问政策。HighWire Press 的期刊大多数属于这种情况。第三种是部分 OA 期刊，是折中了传统期刊和 OA 期刊运作模式的期刊，最为常见的做法是为作者提供选择，如果作者支付出版费用，那么其文章就为读者提供即时免费访问服务。目前，Springer 推出的 Open Choice 计划和 Blackwell 推出的 Online Open 项目都采纳了这种模式。另外，一些期刊允许读者免费访问部分论文的全文，而对其他论文的全文访问则需要支付费用。

---

① DoAJ 是由瑞典隆德大学图书馆创建和维护的 OA 期刊名录，该名录旨在覆盖所有学科、所有语种的高质量的 OA 同行评审刊。

3. 免费数字图书馆

免费数字图书馆是指由政府、社会组织或个人捐助建立的数字图书馆，收集没有版权争议的经典著作，或著作的版权所有人捐赠的著作，向全球用户提供开放存取。比如，1971 年开始的由迈克尔·哈特发起的"古腾堡计划"，就是历史最悠久的免费提供网络图书下载和阅读的开放运动；法国国家图书馆的数字图书馆 Gallica 2000，于 2000 年年末开始对公众开放，是目前世界上最大的免费数字图书馆之一。①

（三）开放存取出版物的发展历程

开放存取出版物起源于欧美发达国家，其产生的背景有三。第一，传统基于订阅的学术出版模式严重阻碍了学术传播。20 世纪 70 年代以来，欧美发达国家的学术出版活动开始以商业化的模式运作，少数大型商业出版机构不断进行兼并，以垄断期刊市场，进而不断提高期刊价格。而在学术传播活动中，学者一般依赖图书馆订购的图书、期刊等科技资料进行科学研究，暴利集团的出现使得图书馆经费危机日益加剧，迫使图书馆不得不采取各种各样的应对策略，如馆际互借、文献传递等活动，这样就导致图书馆取消部分期刊的订购。而出版商为了保证自己的利润，继续抬高期刊价格，导致学术期刊价格增长的恶性循环。这一现象被称为"学术期刊危机"，这种危机严重阻碍了学术传播。第二，期刊和图书出版周期较长，影响了科学交流的效率。比如期刊论文因为版面等条件的限制，常常要"排队"等候半年以上，而图书的出版周期就更长了。第三，网络的运用使学术传播效率大大提高。作为一种开放的信息交流平台，网络使学术传播的速度更快、范围更广，从理论上来说，网络传播是全天候的，可以到达世界上的任一地方。而学者普遍希望能无障碍地传播自己的学术成果。在这种情况下，欧美一些科技工作者和开放运动支持者打出了"将科技出版归还给学者"的口号，并以此为宗旨发起了一场开放存取运动。当然，开放存取赖以存在的基本前提还是研究人员的非营利的信息传播动机和利用需求，这就是开放存取在学术领域兴起而不是在其他领域兴起的关键原因。

中国学者贺子岳认为，开放存取出版的发展历程可以划分为萌芽期（20 世纪

---

① 张荣、金泽龙：《图书馆学基础》，电子科技大学出版社，2015，第81页。

60 年代至 20 世纪 90 年代初期）、形成期（20 世纪 90 年代初期至 2001 年）、发展期（2002 年至今）这三个阶段。

1. 开放存取出版的萌芽期

萌芽期的开放存取模式主要有三种。第一种是免费数字图书馆，如诞生于 1971 年的由美国电子书之父迈克尔·哈特创建的旨在"让全世界所有人都能够自由地获取为数众多的著名重要文献"的古腾堡计划。第二种是预印本数据库，如高能物理领域的斯坦福公共信息检索系统。第三种是同行评审电子刊物，如 20 世纪 70 年代末美国国家科学基金会在美国新泽西技术研究所建成的电子信息交换系统中开办的一个经同行评议的期刊 Mental Workload，它是世界上最早的纯网络期刊，创办的目的在于提高出版的效率与降低费用，但它很快就遭遇失败。另外在 20 世纪 80 年代初期，大英图书馆研究与发展部门在英国的 Birmingham Loughborough Electronic Network Development（BLEND）项目也创办了一个经同行评议的期刊 Computer Human Factors Journal。然而，它还是难以摆脱失败的命运。1987 年，美国锡拉丘兹大学研究生麦克·英格豪斯创办了免费的同行评审电子刊《成人教育新视野》，一年出版 2~3 期。这个网络期刊至今还在继续出版，它几乎具备了现代意义上的开放存取期刊的全部元素。1991 年，互联网的发明导致了电子信息的爆炸性增长，更多免费的同行评审电子期刊问世了，如爱德华·M. 詹宁斯于 1991 年创办的 *E-journal*，在创办三年后的 1992 年成为免费的同行评审电子期刊的 *The Public-access Computer Systems Review*，等等。总的来说，处于萌芽时期的开放存取出版物的特征是诞生了许多学术期刊，它们后来都被叫作开放存取期刊，具有免费、共享等特点，但实际上，"开放存取"的概念在此时还未产生。

2. 开放存取出版的形成期

一般认为，真正意义上的开放存取出版物应追溯到 20 世纪 90 年代初期。这一时期诞生的由美国物理学家保罗·金斯帕格建立的高能物理领域的印本仓储 arXiv.org 被视为开放存取出版物的雏形。开放存取作为一种理念的提出始于 1998 年的"自由扩散科学成果运动"（也称"自由科学运动"），这个运动要求对于科学文献要减少版权条约中的限制条款，反对将作品复制权从作者转移给出版商。同年，September98 论坛建立，开始就在线免费提供科学信息问题进行全面探讨。这两个事件表明开放存取开始从个别科学家的想法和试验成为科学家群体共同关注的话题，标志着开放存取出版的初步发展。1999 年，美国科学家哈罗德·瓦尔姆斯提议建立公共医学中心，这是一个发布生物医学领域论文的开放存取网站。由于公共医学中心并不成功，2001 年初，哈罗德·瓦尔姆斯博士牵头成立了由科学家和研究人员参与和管理的非营利组织公共科学图书馆。从此，开放存取出版活动开始形成，相应的出版物雏形产生，并且形成了开放存取理念的主要内容。而且，科学家开始群体性地关注开放存取出版物。

3. 开放存取出版的发展期

开放存取出版物进入发展期的标志性事件是 2001 年 12 月由开放社会研究所在布达佩斯召开的一次小型研讨会。会上，来自各国不同学科领域、持有各种观点的与会者探讨了如何利用开放社会研究所等机构的资源来协调各种分散的开放存取计划和方案，聚集所有支持开放存取的力量，以便最终能够在互联网上自由地获取各个学科领域的研究论文。会议的一个重要成果就是 2002 年 2 月 14 日发布的《布达佩斯开放存取先导计划》。该倡议给出开放存取的定义，并提出了两条实施开放存取的途径，即作者自行存档和开放存取期刊。2003 年 4 月 11 日，在霍华德·休斯医学研究所的一次会议上，与会者起草了《百斯达开放存取出版声明》，并于 2003 年 6 月 20 日公布。2003 年 10 月 20—22 日，由德国马普学会发起的，包括德国、法国和意大利等多国科研机构与基金会参加的"科学与人文知识开放存取大会"在柏林召开，会上依据开放存取精神签署了《关于自然科学与人文知识开放获取的柏林宣言》。宣言的主要内容为：鼓励科研人员与学者在"开放使用"的原则下公开他们的研究工作；鼓励文化机构通过在互联网上提供他们所拥有的资源来支持"开放使用"；用发展的手段和方法来评估"开放使用"对促进科研的贡献，以维护在此过程中确保质量和良好的科学实践的标准；支持对诸如公开发行出版物等在宣传和使用价值上进行重新评估。《布达佩斯开放存取先导计划》《百斯达开放存取出版声明》《关于自然科学与人文知识开放获取的柏林宣言》这三个重要的宣言被称为 3B 宣言。经过 3B 宣言，开放存取的内涵和外延有了较为明确和完整的定义。此后，开放存取运动从理论研究到实践活动，都进入了快速发展时期。许多组织对开放存取表示了支持。联合国于 2003 年

12 月发布了《联合国信息社会世界峰会原则宣言》和《联合国信息社会世界峰会行动方案》，采纳关于"开放存取"出版的诸多建议；又如国际图书馆协会联合会于 2004 年 2 月发布《IFLA 关于学术文献和研究文档的开放存取声明》。

逐渐地，英国、美国、加拿大和澳大利亚等国家的政府都对开放存取表示了支持。在 2004 年初，经济合作与发展组织的一次大会上，共有 30 多个国家签署了《公共资助研究数据的存取宣言》，承认对研究数据的开放存取有助于提高世界范围内科研系统的质量和效率。一些科研机构、基金会和慈善机构如霍华德·休斯医学研究所、惠康信托基金等则承诺将支付其研究人员在开放存取期刊发表论文的费用。还有一些政府机构如英国联合信息系统委员会则出资帮助出版商向开放存取出版的方向转移。这些政策与活动有力地支持了开放存取出版的进一步发展。

开放存取的信息自由共享理念得到了众多的支持后，出现了一批大型开放存取网络平台，出版了大量高质量出版物。目前，国外著名的开放存取平台有以下这些。

第一，美国科学公共图书馆，成立于 2000 年 10 月，是为科技人员和医学人员服务的非营利性机构，致力于使全球范围科技和医学领域文献成为可以免费获取的公共资源。目前，美国科学公共图书馆出版了一些生命科学与医学领域的开放存取期刊，如 *PLoS Biology*、*PLoS Medicine*、*PLoS Computational Biology*、*PLoS Genetics*、*PLoS Pathogens*、*PLoS ONE*、*PLoS Neglected Tropical Diseases* 等。这些期刊都是国际上顶级水平的科学期刊。

第二，英国生物医学中心，成立于 1999 年，是生物医学领域的一家独立的新型出版社，是最重要的开放存取期刊出版商之一。英国生物医学中心基于"开放地获取研究成果可以使科学进程更加快捷有效"的理念，坚持在官网上免费为读者提供信息服务，其出版的网络版期刊可供世界各国的读者免费检索、阅读和下载全文。该中心发表的研究文章都实时载入 PubMed Central 或其他相关数据库，以便查询利用。

第三，HighWire Press，它是由斯坦福大学图书馆在 1995 年建立的专业学术出版商，目前已成为全世界最大的、能够联机提供免费学术论文全文的出版商之一。当前，其出版的期刊主要包括物理、生命科学、医学和社会学等领域的核心期刊，读者可以免费获取期刊全文。

第四，学术出版和学术资源联盟，是作为对当前日益商业化的学术出版模式的积极回应，正式创建于 1998 年 6 月。它是由大学图书馆和相关教学研究机构共同参与的联合机构。其本身不是出版机构，主要战略在于通过支持和赞助的方式扶持学会或者小型出版商出版非营利或低价刊物，作为对高价商业期刊的替代产品，直接与同类高价商业期刊开展竞争，以引导学术传播系统回归正轨。目前，学术出版和学术资源联盟的会员有近千家，分布在北美洲、欧洲、亚洲和澳洲多国。

第五，arXiv.org，是美国高能物理研究所理论部在 1991 年 8 月创建的，是公认的最早的电子预印本库。其最早出现在美国的洛斯·阿拉莫斯国家实验室，2001 年转给康奈尔大学，已成为传播物理学、数学、非线性科学、计算机科学，以及生物学、金融学和统计学等学科的主要论坛。由于它按学科收录、整理和检索论文预印本，并主要在同一学科或相关学科专家之间进行科学交流，因而被称为学科仓储。

第六，viXra，它是一个新的预印本库，主要涉及物理、数学、生命科学、化学及人类学等学科。viXra 提供免费下载全文服务。viXra 成立的目的是寻找一个arXiv 预印本库的替代库。随着各项研究的不断发展，arXiv 预印本库上传的文章越来越多，所以为了保证质量，采取了一些审核机制。而这些审核机制限制了一部分科研人员向 arXiv 投稿。为了更好地满足更多用户的需求，viXra 成立了。它采取更包容和开放的措施，鼓励科研人员把文稿上传到数据库，以便让更多的人看到和传播。

（四）开放存取出版的特点

根据文献分析，开放存取出版主要有以下三个基本特点。

第一，获取与交流学术信息的及时、便利与交互性。具体来讲，开放存取出版是依托网络的，信息的发布和获取均采用数字化的信息资源，用户可以在全球各地通过互联网获取文章，从而能够打破时空的限制；开放存取出版物重视增强学术信息交流的交互性，实现了读者、作者及编辑之间的多对多、一对多及一对一的互动交流模式；开放存取出版物注重学术交流的时效性，提升了文献处理的自动化程度，缩短了出版周期。

第二，作者付费拥有版权，读者获取拥有更宽泛的使用权。"知识共享协议"采用基于"保留部分权利"的理念，作者拥有作品的版权，但只要能够保证作品的完整性，用户就可以通过合法合理的方式使用，如自由下载、链接与复制等。在计算机网络数据交换的层面上，遵循元数据收割协议，有利于 OA 数据的有效传送和长期保存，可以说，在利用上读者没有经济、版权、技术上的限制。[①]

第三，作品的呈现形式多样化、丰富性。开放存取出版物在形式上呈现资源的多样性，不仅包含各种纯文本的电子出版物，还有音频、视频等各种多媒体学术信息，如会议文献、电子教学资料，还包括不同格式的图片、文字、影像与其他多媒体资源等，在很大程度上扩展了学术信息的交流方式。

二、手机出版物

手机出版物是通过手机进行阅读的数字出版物，服务提供者将自己或他人创作的产品经过选择和编辑加工，以文字、图片、动画、音频、视频等为表现形态，通过无线、有线网络或内嵌在手机媒体上，供用户利用手机或类似移动终端进行阅读或下载。[②]

（一）手机出版物的定义

对于手机出版物的定义，说法较多，但含义相对趋于一致。早期的手机出版物定义强调它是网络出版物的组成部分。代表学者是匡文波，认为手机出版物是以手机为媒介的出版物，是网络出版物的延伸。

《2005—2006 中国数字出版产业年度报告》认为，手机出版物是另一种网络出版物，它虽然与互联网出版物存在联系，但不能简单地说成是互联网出版物的延伸。该报告认为，手机出版物是指那些以无线通信技术为手段，按照特定的付费方式向手机用户发布的已加工后的数字作品。这些作品主要是由手机的内容提供商来供应的，包括报社、出版社、唱片公司、网络运营商等，或由移动运营商

[①] 于向凤、张吉明、陶巍：《大数据时代学术期刊编辑与创新研究》，东北林业大学出版社，2021，第208页。

[②] 徐丽芳：《手机出版物》，2023年4月17日，https://www.zgbk.com/ecph/words?SiteID=1&ID=149578，访问日期：2023年5月16日。

自己提供；作品的内容包括新闻、小说、漫画、音乐、游戏、图片等；作品的付费方式包括包月收费、按条计费和按流量计费等多种模式。

《2008 中国数字版权保护研究报告》在上述报告中定义的基础上做了一些修正，认为手机出版物是手机出版服务提供者使用文字、图片、音频、视频等表现形态，将自己创作或他人创作的作品经过选择和编辑加工制作成数字化出版物，再通过无线网络、有线互联网络或内嵌在手机载体上，供用户利用手机或类似的移动终端阅读、使用或者下载的作品。此定义不但指出了手机内容产品的表现形态，而且强调了有线网络、无线网络这两个要素，以及移动终端要素。

中国传媒大学新闻学院教授宫承波认为，手机出版物是指借助手机移动信息平台，将文字、图片、视频等信息数字化，按照特定的付费方式传递给信息终端用户使用的新型出版物。根据这个定义，手机报、手机杂志、手机小说、手机游戏、手机音乐等都属于手机出版物的范畴。

上海大学影视艺术技术学院和通信工程学院教授张文俊则认为，凡通过手机渠道传输的出版物都可视为手机出版物，即以无线通信技术为手段的按照特定的付费方式向手机用户发布的加工后的数字作品。其内容包括新闻、小说、漫画、音乐、游戏、图片等。无论来自出版社、报社、唱片公司，还是互联网，只要是通过手机渠道传输，供手机用户阅读的都可定义为手机出版物。

综上所述，手机出版物是以数字技术为基础，以互联网为传播平台的一种内容数字化、流通网络化、交易电子化的新型出版物，较传统出版物有独特的审美形式。[①]

（二）手机出版物的种类

1. 手机报

关于手机报，目前还没有权威定义。中国互联网络信息中心在 2009 年的《手机媒体研究报告》中认为：“所谓手机报，是将传统媒体的新闻内容通过无线技术平台发送到手机上，从而在手机上实现阅读短信新闻、彩信新闻等功能的业务。”中国人民大学教授匡文波认为，手机报是将纸质报纸的新闻内容，通过移动通信技术平台传播，使用户能通过手机阅读到报纸内容的一种信息传播业务。

---

① 李明、夏光富：《论手机出版物的审美范式》，《内江师范学院学报》2010年第7期。

然而，此处所讲的属于网络新兴出版物的手机报应当是依托于手机这个载体，借助网络直接发布的新闻信息。这种出版物具备以下几个要素：传播的渠道是移动信息平台；传播的终端载体是手机；传播的内容是时政、社会、娱乐和实用资讯等信息；传播的对象是手机用户。其具有互动性强、可即时接收和传播、有利于开展定制服务等特点。手机报的类型多样，能够实现多维阅读。它所发送的内容，可以是一个包含了图片、文字、声音、动画、链接的多媒体数据包。手机报内容还具有"微"特征。由于手机屏幕小，长篇阅读不便。为了改善阅读效果，手机报的经营者一般将新闻编辑成适合手机阅读的短文本。如果用户需要进一步获取详细内容，可链接至网页。这些特点都显示了手机报阅读的灵活性，是其魅力所在。

2. 手机游戏

手机游戏是指用户利用随身携带的手机随时随地进行的游戏。按照是否需要移动网络支持，手机游戏可以划分为手机单机游戏与手机网络游戏。手机单机游戏是指用户不连入移动互联网，可以直接在手机上进行的手机游戏，此种游戏多是人机对战。最常见的手机单机游戏有三种，第一种是由手机制造商开发，在出厂前就直接嵌入手机中的游戏，用户既不能添加，又无法删除，玩游戏的时候也无须付费；第二种是提前固化在手机中的游戏，这些游戏是游戏内容提供商和手机厂商共同合作的成果，用户在玩游戏的时候需要支付一些费用；第三种是供用户自行选择下载的游戏，用户可以根据自己的兴趣爱好和手机的硬件支持来决定下载某一款游戏，或是删除已经下载的游戏。通过这种方式，在手机有限的系统资源限制下，用户可以不断地体验新款游戏。手机网络游戏可分为 WAP 型游戏和客户端型游戏。手机 WAP 网络游戏即手机网页游戏，用户无须另外安装手机客户端的游戏软件，仅仅只需要登录移动互联网的相关网页就可以直接玩这种手机网络游戏。客户端型手机网络游戏需要用户的手机具备 JAVA 功能，还需要安装客户端软件才可以进行此种游戏。除此之外，手机游戏还可按内容分为体育类游戏、动作类游戏、休闲类游戏、桌面棋牌类游戏、射击类游戏、益智类游戏、格斗类游戏、冒险类游戏、角色扮演类游戏、飞行类游戏、策略类游戏、模拟经营类游戏、养成类游戏、即时类游戏和其他类别的游戏等。手机游戏具有交互性、便携性、支付方便性、碎片化时间利用等特点。从手机游戏的用户年龄分布来看，手机游戏的用户以年轻人为主。

3. 手机小说

手机小说就是将小说作品内容推送或存储在手机之中，供手机用户在闲暇时光阅读。与手机报的应用形式相同，用户可以随时订阅和阅读手机小说的内容。[①] 其阅读软件主要有书旗小说、QQ 阅读、起点读书、番茄小说、红袖读书等，出版物的主要格式有 PDF、EXE、CHM、UMD、PDG、JAR、PDB、TXT、BRM 等。[②] 与传统纸质小说相比，手机小说依附于手机之上，使用人群巨大，除了具备电子出版物的多媒体、超文本、方便、快捷、互动性强、易于检索、低成本、时效性强等明显特点，还具有易支付、个性化服务和使用方便等优势，但同时也有一些不足之处，如费用较高、内容不足、版权纠纷多、营利模式单一等。

4. 手机杂志

手机杂志是一种电子杂志，主要通过数字化技术将传统杂志的文本内容数字化，通过数字多媒体技术将图片、音频、视频等多媒体化，然后通过移动通信网络发送给用户手机，供用户阅读的多媒体资讯杂志。目前，手机杂志主要有两种形式：一是传统杂志的手机版，如《南风窗》《凤凰生活》《瑞丽》《中国国家地理》等知名杂志都有手机版，但这并非属于网络新兴出版物，而是传统出版物的数字化延伸形态；二是媒体专门为手机量身定制的杂志，手机用户可以通过 WAP 在线阅读或使用智能手机上的手机杂志客户端接收、下载后阅读，如中央电视台推出了中国第一本手机视频杂志《手边》。国内较知名的手机杂志客户端提供商是"掌媒"。2007 年 6 月，掌媒推出了全球第一款用手机看杂志的软件——掌媒 V1.1。通过这个客户端，用户不仅能浏览海量的杂志内容，同时还能实现局部放大和加入书签等阅读功能。手机杂志主要有精准定位、分众传播、成本低、资讯多、携带方便、随时阅读、轻松获取、保存方便、时效性强、共享性高、环保时尚、节约资源、表现形式丰富等各种特点，既具有传统纸质杂志的形态与内容，又增添了手机新媒体的新元素。

[①] 曾静平、杜振华：《中外新媒体产业》，北京邮电大学出版社，2014，第64页。

[②] 曾来海：《新媒体概论》，南京师范大学出版社，2015，第211页。

5. 手机视频

手机视频是指以手机为介质，以手机播放软件为平台，由网络视频服务商提供的视频在线播放的业务，如腾讯视频、优酷视频、网易视频等。这类手机出版物主要分为两大类：一类是基于广播网络的手机电视；一类是基于移动网络的手机电视。两种手机电视技术都在抢占市场，以吸引更多的受众，分别代表了广电和电信两种不同的主导方式，体现了不同的行业诉求。但前者不在网络新兴出版物的范畴内，因此本节所指手机视频应为第二类。手机视频业务兴起并吸引越来越多的观众主要有以下几点原因：首先，手机的便携性决定了手机是人们使用时间最多的一种视频观看设备，并且它不需要连接网线，不需要随时插着电源，人们走到哪都可以带到哪；其次，4G、5G 与 Wi-Fi 等高速网络的接入，为手机视频业务的发展提供最基础的条件，特别是随着 5G 技术的普及和无线网络覆盖范围的加大，手机网络较以前相比，不仅更快还更加便宜了，手机视频用户规模逐渐加大；再次，手机的不断更新换代，大屏、智能、高清手机的出现以及视频 APP 的不断完善，大大提高了手机视频观看体验，让受众逐渐养成使用手机替代电脑观看视频的习惯；最后，手机视频让受众能够实时分享，这不仅符合社交需求，也进一步扩大了手机视频的影响力。[①]

（三）手机出版物的发展历程

1999 年 2 月 22 日，日本移动通信公司 NTT DoCoMo 推出了 I-Mode 业务，首次为手机用户提供新闻、广告和增值服务等业务。手机出版物从此诞生并发展。我国的手机出版物是在 21 世纪初产生的，到目前为止有 20 余年，可分为形成期（2000—2005 年）和成长期（2005 年至今）两个时期来阐述。

1. 手机出版物的形成期

2000—2005 年是我国手机出版物的形成时期，也是奠基时期。在这一阶段，标志性的事件有移动互联网启动，门户网站入驻移动互联网，短信、彩信、彩铃先后诞生，手机报获得初步发展，苹果创造"iPod+iTunes"模式，手机游戏市场启动等。

2000 年 9 月，中国移动和国内百家互联网内容提供商在当时首次共同探讨商

[①] 秦宗财：《数字影视传播教程》，中国科学技术大学出版社，2022，第27-28页。

业合作模式。随后，"移动梦网"在当年 12 月开始实施，并于 2001 年 11 月正式开通。2002 年 5 月 17 日，GPRS 业务正式投入商用。基于 GPRS 的 WAP 实现了"永远在线"，一改过去基于 GSM 网络拨号上网复杂的设置、漫长的拨号过程，因而极大地促进了移动梦网业务的推广。2002 年 3 月 18 日，移动门户网站空中网成立，致力于 MMS、WAP、JAVA（手机游戏）等手机内容产品的开发。2004 年 3 月 16 日，广州市久邦数码科技有限公司创建了"3G 门户"，这是中国移动互联网的另外一种模式——FREE WAP 模式的开始。2004 年 3 月，天下网（原名"WAP 天下"，于 2007 年 7 月更名）成立，它的定位从"互动门户"升级为"手机社交网站"，致力于打造以"社区＋游戏"为核心应用的创新业务模式，是当时国内最大的手机社交网站。

2001 年 7 月 30 日，《扬子晚报》推出了短信型的"扬子随身看"，成为中国报业最早一批手机报的践行者。2002 年 10 月，中国移动向全国推出增值服务项目——彩信业务。当时，仅有空中网、TOM、新浪、网易、灵通、灵图、腾讯等 14 家服务提供商为其提供内容服务。2003 年 9 月 1 日，基于 WAP 技术的《扬子晚报·手机版》在中国移动和中国联通两个平台同时正式开通。2004 年 7 月 18 日，《中国妇女报·彩信版》正式开通，为彩信型手机报的诞生打下了基础。同年，国内手机游戏迅速发展起来，国内第一家手机游戏公司当乐网也是在这一年成立的。同时，中国首部手机小说《城外》于 2004 年发布。2005 年 9 月 26 日，《华西都市报》与四川电信联手打造的《华西手机报·语音版》开通，中国第一张可以听的报纸由此诞生。同一时期，上海移动率先推出了彩铃式商用服务，随后广东移动、北京移动、浙江移动、重庆移动和天津移动也陆续推出该业务。

综上所述，形成期的手机出版物为其后续的成长奠定了基础：手机网民规模较小，尚未纳入统计的范畴；政策支持背景不足；各种类型的手机出版物都才刚刚起步，各种模式尚在探索之中。

2. 手机出版物的成长期

手机出版物在成长期主要发生了如下重大事件。

第一，手机报遍地开花。自 2005 年至今，全国手机报用户量越来越大；全国报业整体已推出涵盖娱乐、体育、财经、旅游、健康、饮食、双语、教育等领域的手机报；越来越多的报社正在为抢占新媒体平台谋篇布局。

第二，手机阅读市场快速发展。近年来，手机阅读用户增长迅速，中国手机阅读市场呈现快速发展的态势。在这种背景下，服务提供商盛大文学、中文在线、掌阅小说及传统出版商相继进入手机阅读市场。后来，各大运营商分别建设了手机阅读基地，逐渐改善了手机阅读市场分散经营的局面。

第三，许多手机出版物加入了语音、评论、书签等能够增进与读者互动的元素，甚至个别出版物还利用了数字技术来实现动态化呈现，从多感官角度刺激了读者，具有越来越强的吸引力。

第四，手机出版成为数字出版的盈利热门。近年来，手机出版产值越来越高，在数字出版总产值中所占比例较高，已经是公认的数字出版的热门盈利项目。可以说，手机出版物是当下中国网民极为追捧的出版物。

总的来说，自 2005 年至今，手机出版物的发展特点主要表现为这几个方面：一是各类手机音乐、手机阅读等应用已成为大多数手机网民的必备软件；二是手机出版物的载体终端走向智能化和多元化；三是手机阅读的市场参与者越来越多，阅读市场的竞争也越来越大；四是手机出版物的服务开始向动态化、多样化、互动性发展。

（四）手机出版物的特点

相较传统出版物而言，手机出版物有以下几个特点。

第一，移动性、便携性。这是由内容的载体——手机所决定的。以前人们会在地铁、公交车上翻阅报纸或书籍，但是现在基本上都是捧着手机阅读图书或接收新闻资讯、观看手机视频等。这直接印证了手机出版物因移动性和便捷性而普及和受欢迎。

第二，节省成本，零库存，传播范围广。随着 4G、5G 技术的普及，无线上网速度得到很大的提升。手机出版物不仅可以节省传统出版物的各种附加费用，还可以降低因市场预期不足带来的库存风险。网络覆盖到哪儿，受众就可以在哪儿阅读手机出版物，传播不受区域空间的影响。

第三，价格低廉，付费便捷。受众可以通过支付宝、微信支付等各种支付方式实现订阅，随时随地完成费用支付，享受数字出版所带来的乐趣。付费方式的低廉性和便捷性，加之超大规模的手机用户群体，使得手机出版物成为目前我国数字出版业态中唯一一种能够在 B2C 盈利模式下取得大规模、高增长盈利的数字出版产品。[①]

第四，互动性强，更新速度快，信息容量灵活。手机出版不受篇幅、长度限制，内容可以随时修改调整，实时更新，如以自出版形态出现的微博、微信等。手机出版增进了读者和作者之间的互动，打通了两者之间长期存在的鸿沟，每一位读者都是出版体系中的一环，从而能够实现对出版物销售跟踪、意见反馈等多方面的功能，为读者和出版单位都提供了便捷的服务，实现了广泛、迅速的互动。

三、网络原生电子书

网络原生电子书，又称自出版物，英文是 e-original，是指在 Web 2.0 条件下，内容产品从生产到发布都是以数字化形态呈现的，且不再采用传统出版的编审程序而产生的作品。它实际上是指一些服务提供商在没有传统出版商介入的情况下，直接签约作者，利用电子图书平台自主出版书籍或多媒体产品。由于这种出版物实际上是依赖网络产生，所以以网络原生电子书命名。在这类出版物盛行之前，互联网内容产品主要依赖传统出版商提供，而兴起后，互联网才有了属于自己的原创内容。网络原生电子书强烈依赖网络平台和数字技术，因此网络原生电子书既是网络出版物的一种形式，也是数字出版物的一种类型。这种出版物的出版可以减少传统出版业的诸多中间环节，如三审、三校、核红、出片、印装、发货、上架等，节约了前期制作及物流等费用，从而可以用更低的定价来吸引读者。并且，出版社与作者通过事先签订的协议，还可让作者直接从零售商处获取稿酬成为可能。[②]

（一）网络原生电子书的种类

由于互联网为作者自助出版网络原生电子书提供了强大的技术支撑，因此网络原生电子书的形式多种多样。当前，比较流行的网络原生电子书主要有以下两类。

① 张新新：《变革时代的数字出版》，知识产权出版社，2016，第114页。
② 中国新闻出版研究院：《2012年度互联网与数字出版优秀论文集》，中国书籍出版社，2013，第431页。

1. 博客文章

博客文章是作者通过在各家自媒体平台注册企鹅号、头条号、百家号、大鱼号等自媒体账号并在其中发表的文章。尽管许多人把博客当作独白的平台，但博客的巨大价值在于创造对话。一篇有效的博客文章为特定读者提供带有个人倾向的信息，从而引发讨论。与普通文章相比，博客文章本质上更具个性，而非纯粹提供信息，而且有较强的互动性。要想让博客文章带来更有效互动，可以从以下这些方面入手：博客的订阅源将大大有助于文章的传播，作者应注意这个功能；文章内容既要有信息性又要有个性；保持风格和格式一致；围绕主题构建博客文章，抛弃与主题无关的文章内容；及时回复评论，注意与读者对话；注意跟踪统计信息，以便能够深入了解经常被阅读的文章和阅读量较低的文章；创建有吸引力的标题和相关的标识标签，让读者尽可能更容易地检索到自己的文章内容。[①]

2. 电子书

此处的电子书与第一节所讲的电子图书不同，它是通过自主出版的方式形成的一种新型的出版物形态，支持植入或下载文字、图片、声音、影像等数字化信息内容。通过网络，用户可以浏览、阅读、使用、下载电子书的内容。实际上，手机小说是电子书最常见的形态，是含有知识性、思想性的数字内容。因此，电子书的特点其实与手机小说的特点基本一致，由于在前面的内容中有详细阐述，所以此处不再重复。

（二）网络原生电子书的发展历程

网络原生电子书是随着电子阅读技术和电子图书的发展而发展起来的，由于前文已对电子图书的发展历程有了详细论述，此处便只对近年来国内网络原生电子书的发展进行介绍。

在网络原生电子书的发展中，中信出版社作为先行者与业内一些领先的移动互联网公司一起对数字阅读的原生创作进行了探索。2013年9月，中信出版社率先进行了尝试，推出了"中国故事"这一电子书品牌。2014年出版了近600种原生电子书。2015年深度挖掘了生活美学、商业新知等非虚构领域方面的优质内容，并推出了更多有价值的网络原生电子书产品。此后，其他出版单位也开始

---

① 约瑟夫·A.德维托：《掌控对话：高效的沟通技巧》，周晓萱译，西苑出版社，2022，第246页。

效仿，推出了一些影响力较大的网络原生电子书。比如，北京联合出版公司就于
2015 年底在亚马逊、掌阅、豆瓣等电子书平台推出了当代著名作家马伯庸的百科
全书式小说《古董局中局 4》，并在不到 12 小时的时间累计销售了 1 万多册，同
时带动了同系列前三部纸书的销售。[①]近年来，虽然陆续有一些产品推出，但是由
于缺乏突破性的创新、交互式的沟通、读者习惯的满足、数据隐私的保护等，网
络原生电子书的发展并未达到原有预期，有待从感官、触觉与知觉等方面进行全
方位的体验升级。

（三）网络原生电子书的特点

与其他出版物相比，网络原生电子书具有下列特点。

第一，网络原生电子书的出版减少了编辑、印刷、库存等环节，运行成本
低，图书价格低。作者上传作品后即可进入传播和分销阶段，增加了作者的自主
性和话语权。对作者和平台商来说，由于减少了中间环节，因而投资风险降低。
对读者来说，网络原生电子书价格低，购买方便。

第二，网络原生电子书的版税大幅度增高。纸书销售的利润被出版社、发行
商、印刷厂等瓜分，作者获利少，纸质版税多为 6%~15%；而网络原生电子书作
者收入一般占净利润的 70%~85%。[②]网络原生电子书已经完全打破了传统纸书的
定价系统。

第三，作者草根化，出版目的多元化。由于成本低，更多的草根作者可以加
入"自助"作家队伍的行列，无论目的是赚钱、出名、实现出书梦、个性化出书
等，都能够出版网络原生电子书。

第四，网络原生电子书出版平台能够供作者发布和销售内容，大大简化了出
版流程。只要平台聚客能力强，作品就有畅销的可能。平台越是能够畅销作品，
就越能吸引精英作家进入平台销售，这就可能对传统出版业形成巨大的威胁，改
变出版业的操作模式。

第五，编辑环节放松，质量控制不严。大多网络原生电子书出版平台缺乏类
似传统出版的草稿和编辑加工环节，因此作品质量参差不齐，垃圾内容大量滋生，

---

① 何珊、梁耀丹：《原生电子书的现状及发展前景探析》，《新闻研究导刊》2016年第17期。

② 贺子岳：《数字出版形态研究》，武汉大学出版社，2015，第195页。

威胁自助出版声誉。

第六，供作者使用的平台设计简单，操作比较容易，便于作者创作。

四、维基百科全书

在 Web 2.0 技术条件下诞生的影响较大的网络新兴出版物还有维基百科全书。在很多学术文章中，维基百科全书被视为开放存取出版物，因为它也符合开放存取"自由""共享"和"开放"的宗旨。但是，本书因为以下原因将其列为单独的一类来研究：维基百科全书具有独特的协作编写系统，是网络高度自由和高度协作的产物；其出版内容包罗万象，并不像开放存取出版物一样仅限于学术出版；它具有查考性和阅读性。

（一）维基百科全书的定义

维基来自英文"Wiki"一词，其全称是"WikiWiki"，源于夏威夷语"wee kee wee kee"的谐音，意思是"快点快点"或"快捷"。创造这个词的是一名叫沃德·坎宁安的美国程序员。他在 1994 年开始编制维基网络程序，并于 1995 年3 月 25 日开通"WikiWikiWeb"网站，它后来成为波特兰模式知识库的一个组成部分。这就是世界上第一个以维基（Wiki）命名的网站，后来维基就用来指称一种超文本的网络系统，支持面向社会群体的协作式写作，同时也包括一组支持这种写作的辅助工具。[①]

现代意义上的维基百科全书是一种网络工具书，一般用于查找名词、人物、机构、地名等，人们常借助百度和谷歌等搜索引擎将其搜出，达到查找某一知识的目的。维基百科全书具有阅读性，其中很多词条会对某一方面的知识做非常系统的介绍，使人们在查考之余，接受某种程度的知识普及。从这种意义上来讲，维基百科全书相当于由无数本小型丛书构成。此外，维基百科全书影响深远，已经成为人们日常工作、学习及生活中必备的工具，其影响远远超过开放存取出版物本身。而且，由于维基百科全书运作方式很有效，传统百科全书出版模式也深受其影响。

---

① 章宜华：《计算词典学》，上海辞书出版社，2013，第409页。

（二）维基百科全书的类型

根据词条所述内容，维基百科全书可分为以下几类。

1. 企业百科

企业百科是以企业名称为条目创建的百科词条，通过百科表述企业的经营理念、品牌形象、管理制度等内容。这类百科极为普遍，一般由企业运营者编撰。奔驰、宝马等汽车品牌在这方面就做得非常成功。

2. 人物百科

人物百科以人名为条目创建而成。一些人物需要有一定的知名度和影响力，所以就利用百科词条来推广自己，以提升知名度。但是，普通人不能创建人物百科词条。人物百科可以根据人物的职业特征再细分为企业家百科、明星艺人百科、医生百科、律师百科、艺术家百科、讲师百科、网红百科，等等。

3. 产品百科

产品百科是消费者了解产品信息的重要渠道，能够起到宣传产品，甚至是促进产品使用和产生消费行为等作用。

4. 行业百科

行业百科是一个包含特定行业相关信息的网络百科全书。它包括对行业的概述、历史、关键人物、公司、技术和趋势等各方面的知识。行业百科旨在为人们提供一个全面的行业知识库，帮助了解该行业的所有方面，从而更好地理解和参与该行业。

5. 作品百科

作品百科是以已发行的图书、游戏、音乐、舞台剧、影视剧等作品的创作者、创作背景、内容概要、精神思想等为内容创建的网络百科，其内容非常广泛。

6. APP、网站百科

常见的 APP、网站也可以创建成网络百科，一般以 APP、网站在工信部备案的名字为词条名称。这一类百科词条有时候会和品牌或产品的名字重合。

除了上述这些类型的维基百科，字词、著名事件、活动、理论概念等都可以创建成网络百科。

（三）维基百科全书的发展历程

1. 世界维基百科全书的发展

2001 年，维基百科全书正式投入使用。正如前文提到，沃德·坎宁安首先产生有关想法，即建立以知识共创与共享为目的的"WikiWikiWeb"网站，在这个过程中，逐渐确定了维基的概念，即维基是一种以网络为基础，多人协作写作的技术。后来，这种多人协作式的创作模式引起了网络百科全书之父美国人吉米·威尔士的注意，于是他和拉里·桑格于 2001 年 1 月 15 日正式推出了维基百科网站，一些用户将这一天称为"维基日"（Wikipedia Day）。

2001 年 5 月，13 个非英语维基百科版本计划相继推出，包括阿拉伯语、汉语、荷兰语、德语、世界语、法语、希伯来语、意大利语、日语、葡萄牙语、俄语、西班牙语和瑞典语。早在这个计划之前的 2001 年 3 月 16 日，德语维基百科就已经推出。同年 9 月，波兰语维基百科推出。目前，维基百科已经收录了超过 5 500 万个条目，独立运行的语言版本超过 300 个，每月浏览量超过 200 亿次，全球访问量排名第 13 位。[①]

受维基百科的影响，全世界诞生了各种各样的类似网站。2002 年 2 月 26 日，西班牙语百科全书——自由百科建立。维基百科的创办人之一拉里·桑格也于 2006 年成立了大众百科，与维基百科分庭抗礼。此外，还有很多其他和维基百科采用相似技术的网络百科全书推出，比如《大英百科全书》的专家学者们有偿参与编辑与更改的大英联机百科全书，以及类似俄语维基百科的网络百科全书 Wikiznanie。早在 2001 年 5 月，中文维基百科协作计划就已成立，但成立之初的中文维基百科不支持中文直接输入，在当时也只拥有少许的测试文字。直到 2002 年 10 月 24 日，用户 Mountain 借助工具软件撰写了第一个有实质中文内容的条目——首页，至此中文维基百科才开始真正运作。中文维基百科在世界各国的华人中有很大影响。当前，中文维基百科已拥有条目超过 869 000 条。[②] 此外，还出现了闽南语维基百科、粤语维基百科、文言文维基百科、吴语维基百科、闽东语维基百科、赣语维基百科及客家语维基百科等其他汉语系语言维基百科。这些不同语言版本的维基百科为用户提供了丰富而可靠的百科知识。

....

① 叔平：《维基百科，互联网品牌奇迹》，《上海质量》2021 年第 2 期。

② 高俊宽：《信息检索》，世界图书出版公司，2017，第 337 页。

2. 国内维基百科全书的发展

我国第一个自主创立的维基百科全书是成立于 2003 年的维客网站"网络天书"，其创始人是被誉为国内维客先锋的叶群峰。实际上，网络天书并不是严格意义上的开放式网络百科，它比较侧重于维客文化，其内容更自由、涉及面更广，包括百科、方言、网络经典、新闻等。从创作理念上来说，它的确体现了自由、开放、协作、共享的维基精神，但它并没有明确的定位和目标。

2005 年 7 月，互动百科（www.hudong.com，现更改网址为 www.baike.com）正式上线，这可以说是我国第一个综合性的百科网站。互动百科网是互动在线（北京）科技有限公司开发的维基类网络百科平台，它致力于为数亿中文用户提供海量、全面、及时的百科信息。2006 年 11 月，互动百科又发布了全球第一款免费而且开放源代码的中文互动维基开源建站系统——HDWiki，这是全球唯一一款拥有自主知识产权，并向用户免费开放源代码的百科建站系统。

互动百科成立后不久，百度公司也于 2006 年 4 月推出了百度百科（http://baike.baidu.com）的测试版，其正式版于 2008 年 4 月发布。百度百科旨在创造一个涵盖各领域知识的中文信息收集平台，它以强大的搜索引擎为支撑，并与百度知道、百度贴吧等产品互通，使其迅速发展成国内认知度最高的网络百科之一。

2009 年 3 月初，腾讯公司同样依靠庞大的用户资源开发了维基类百科网站——搜搜百科（http://baike.soso.com）。搜搜百科的编辑率很高，其性质及风格也与百度百科极为相似。

此外，我国还陆续出现了一批专注于某一领域的专业维基类网络百科。其中最具代表性的是创办于 2006 年的 MBA 智库百科（http://wiki.mbalib.com），该智库专注于经济管理领域知识的分享，包括企业管理、市场营销、MBA 案例、人力资源等。MBA 智库百科号称是全球最大最专业的中文经管百科，主要为我国各企业管理人员和各大院校的企业管理学生提供管理资讯及技术服务。其他专业百科还包括专门收集 IT 信息的科技中国（http://www.techen.com.cn）、太平洋网络的家居百科（http://www.pchouse.com.cn/baike）等。由于维基百科模式被投资者看好，国内各类缀以"百科"名目的网络产品也纷纷出现，如 360 软件百科、PPS 影视百科和财经百科等。

在不断发展的同时，我国的网络百科也逐渐形成了一些独具特色和创新性的发展模式。除公益运作的中文维基百科以外,我国的网络百科一直在探索运作和盈利模式。目前,我国开放型网络百科全书的运营方式有两种——独立运营和附属运营。独立运营的典型代表为互动百科,附属运营的典型代表有百度百科和搜搜百科等。

截至目前,维基百科已成立 20 余年,依然呈现出蓬勃发展的景象,我国对其的效仿又使这种开放式的网络百科产生了新的特点。

(四)维基百科全书的特点

由于维基百科全书的宗旨是建立协同创作的编写系统,因此它具有以下五个方面的特点。

1. 开放性

任何社会群体或成员都不受时域、地域的限制,可以在维基百科全书系统中任意创建、修改或删除网页有关内容,甚至是整个页面。并且,系统中的内容和页面的变动可以为访问者清楚观察或追踪。

2. 便捷性

无论是撰稿、编辑,还是查阅使用,都不设置任何门槛或权限;通过简单的"条目名称"指令就可以直接产生内部链接,以创建、更改网站页面内容;外部链接和信息查询也十分方便快捷。

3. 简单性

编辑格式简单,基础内容可以通过普通文本编辑完成,使用少量维基标记语言的控制符就可以加强条目或文章的协调性和显示效果。

4. 积累性

维基百科全书系统中的各个页面及其内容可以不修订、增补,而内容相似的页面可以汇聚到相关的主条页面中,整个超文本系统的链接结构也会相应地发生改变、升级或优化,逐渐形成庞大的文本库。

5. 共享性

维基百科全书是一个开放的撰稿和编辑平台，汇集了各社会群体的集体智慧。而这种智慧的结晶又无偿提供给世界上每一个需要查阅维基知识库的社会成员，让大家共享这个知识文库。

6. 严谨性

维基百科全书会对版权不明的内容、来源不明的图片等在当地进行网络审查，以确保不会出现版权问题或传播商业广告。

第三章

新时代数字出版的发展现状与趋势

数字出版是数字时代的产物，依托数字信息技术的发展不断进步。如今，大数据技术、虚拟技术、物联网技术等新兴科技日新月异，数字信息技术正以前所未有的速度高歌猛进，为数字出版带来了极为强劲的发展动力，很大程度上改变了数字出版产业的发展状况及发展趋势。基于此，本章将目光聚焦于新的时代背景，探讨数字出版的发展现状与趋势。

第一节　国内数字出版的发展现状

中国曾是"软质出版"时代的领军大国，在我国古代四大发明中，造纸术和印刷术都是与出版相关的，谈及出版，中国是绕不开的研究对象。改革开放后，中国的数字出版业高速发展，在政策扶持和科技进步的合力推动下，产业规模不断扩大，不仅经济效益喜人，而且出版技术不断创新升级，数字出版产品和服务形态多元化，中国的数字出版产业得到跨越式发展。

通过中国数字阅读状况亦可反观中国数字出版的发展状况。2023 年 4 月 23 日上午，在第二届全民阅读大会上，中国新闻出版研究院发布了第二十次全国国民阅读调查结果。调查结果显示，2022 年我国成年国民数字化阅读方式（包括网络在线阅读、手机阅读、电子阅读器阅读、平板电脑阅读等）的接触率为 80.1%，较 2021 年的 79.6% 增长了 0.5 个百分点。进一步对各类数字化阅读载体的接触情况进行分析发现，2022 年有 77.8% 的成年国民进行手机阅读，较 2021 年的 77.4% 增长了 0.4 个百分点。[①] 从这些数据可以看出，国内读者对数字出版的需求呈上升趋势。有需求意味着有发展动力，折射出的是数字出版产业十足的发展后劲。

一、我国数字出版的发展亮点

（一）产业规模不断扩大

数字出版兴起以来，其产业规模不断扩大，市场占有率不断提高，对人们生活的影响也越来越深刻。具体而言，我国数字出版产业规模不断扩大表现在以下三个方面。

1. 收入规模持续扩大

经历了多年的蓬勃发展后，中国数字出版的产业环境逐渐成熟，产业形态基

---

① 央广网：《2022 年中国数字出版产业总收入达 13586.99 亿元》，https://baijiahao.baidu.com/s?id=177760
6397274481045&wfr=spider&for=pc，访问日期：2023 年 9 月 23 日。

本稳定，产业规模不断增长，进入了新的发展阶段。从 2006 年至今，我国数字出版产业整体收入规模逐年增长。2006—2014 年，数字产业蓬勃发展的第一个八年便取得了令人赞叹的成绩。2014 年，我国数字出版产业整体收入规模已经达到 3 387.7 亿元，比 2013 年增长了 33.36%。2014—2022 年，数字产业蓬勃发展的第二个八年，仍然保持着强劲增长的趋势。2022 年，我国数字出版产业整体收入达到 13 586.99 亿元，比上年增长 6.46%。[①]从数据的对比分析中可以看出，我国数字出版的收入情况虽然存在整体的小幅度波动以及板块收入的数据起伏，但总体保持稳定增长趋势，显示出数字出版产业的生命活力。

2. 用户规模保持平稳

2006 年，在数字出版业刚刚发展起来的时候，我国数字出版产业的用户规模为 2.86 亿（家 / 个）；[②]到 2022 年，据《2022—2023 中国数字出版产业年度报告》，数字出版产业的用户规模已经达到了 5.30 亿（家 / 个）。数字出版产业的用户增长趋势与数字出版产业的收入发展趋势有一定的相关性。在数字出版产业兴起的那几年，数字信息技术本身的便捷性与新鲜感促使许多用户开始接触数字出版，在线上阅读书籍或其他内容。不过，随着信息技术日益成为日常生活中不可或缺的一部分，数字出版产业用户规模的增速也就慢慢放缓，保持较为平稳的增长态势。

3. 产品种类显著增多

在数字出版产业兴起之初，产品种类较少，以一般的网页文章、新闻等为主，这些数字产品大多数只是将原本纸质媒体上的内容誊录到网页上，并没有做适应网页特性的改动。如今，数字出版业的产品种类大大增加，除了常见的电子书籍、网络文学、数字期刊、数字报纸等，还有数据库、数字图书馆、流媒体、数字化档案、虚拟游戏、网络地图、在线教育、移动阅读、社交媒体等。其中，新兴板块如在线教育、网络动漫等发展势头良好。2022 年，在线教育收入为 2 620 亿元，由于职业教育、素质教育持续发力，以人工智能为代表的新技术被有效应

① 经济日报新闻客户端：《第二十次全国国民阅读调查成果发布》，https://baike.baidu.com/reference/62923054/e9f1QQr2ItiEUdMyY_Hcu8zn2tsG0wB5kWL-OJul6htgAHVgiJQeaenSjl5rtuMIIzfM9tWA5BHrKBd-SZviAhUD9K4aiMmUb8XRAYNirxqpZsstlflG4ccJKTSR1Qc，访问日期：2023 年 5 月 10 日。
② 孙菊：《数字出版时代大学出版的路径创新》，燕山大学出版社，2020，第 34 页。

用，在线教育迈过调整期，进入稳定发展期；网络动漫收入为330.94亿元，[①]该板块以高品质内容、品牌IP影响力与资源的深度开发为依托，充分调动市场资源，深研用户消费习惯和消费需求，为实现产业化、规模化发展创造了有利条件。此外，用户的内容消费升级和较强的支付能力也为产业发展带来持续动力与有力保障。

这些数字产品不仅具有便利高效的特点，更重要的是它们将互联网的独特性发挥到了极致，是真正意义上的网络时代的数字出版产品。但是，值得注意的是，互联网原创作品产品规模的起伏变化较为明显，这与网络原创作品平台自律机制的不断形成，以及政府引导与内容规范管理密切相关，如近年来涉及色情、暴力、反动等不良题材的网络原创作品受到遏制与清除，侵权盗版行为得到一定程度的遏制。

（二）政策红利持续增长

传统出版的数字化转型升级是近年来政府部门的重要工作，也是推进传统出版与新兴出版融合发展的重要途径和有力抓手。2014年是出版业的"政策年"，政府管理部门陆续下发政策、通知，同时中国新闻出版研究院等机构召开各种相关会议，继续深入推进传统出版业的数字化转型工作，推动传统媒体和新兴媒体向融合发展的全媒体现代出版格局迈进。

2014年4月，国家新闻出版广电总局与财政部联合发布《关于推动新闻出版业数字化转型升级的指导意见》（以下简称《意见》），面向全行业提出"通过三年时间，支持一批新闻出版企业、实施一批转型升级项目，带动和加快新闻出版业整体转型升级步伐。基本完成优质、有效内容的高度聚合，盘活出版资源；再造数字出版流程、丰富产品表现形式，提升新闻出版企业的技术应用水平；实现行业信息数据共享，构建数字出版产业链，初步建立起一整套数字化内容生产、传播、服务的标准体系和规范；促进新闻出版业建立全新的服务模式，实现经营模式和服务方式的有效转变"的主要目标，并提出"开展数字化转型升级标准化工作、提升数字化转型升级技术装备水平、加强数字出版人才队伍建设、探

[①] 赵帅杰：《我国数字出版产业收入规模逾1.35万亿元》，http://finance.people.com.cn/n1/2023/1008/c1004-40090675.html，访问日期：2023年10月10日。

索数字化转型升级新模式”四项主要任务；还明确将进一步加大财政对新闻出版业数字化转型升级的支持力度，将新闻出版业数字化转型升级项目作为重大项目纳入中央文化产业发展专项资金扶持范围。《意见》表明政府部门对新闻出版业转型升级、融合发展的重视程度和推进力度都在进一步加大。

2014 年 7 月 15 日，由中国新闻出版研究院主办的 2014 中国数字出版年会在北京国际会议中心举行，年会以“融合、发展：互联网与新闻出版业的对话”为主题，探讨了推动传统新闻出版单位与新兴媒体实现融合发展等方面的内容，进一步推进了融合发展举措的实施。

新时代背景下，政策红利仍然在不断增长，许多传统出版企业在政策的支持下积极转型，实现与互联网的深度融合；而已经转型成功的出版企业同样享受到了政策的优待，积极开发更加有文化内涵、更加符合时代价值的数字产品，为营造一个积极健康的网络生态贡献力量。

2022 年，《关于推进实施国家文化数字化战略的意见》发布，明确由中央宣传部牵头，中央网信办、国家发展改革委等多部门参加组建国家文化数字化战略工作领导小组。出版业是实施国家文化数字化战略的重要阵地，该文件为出版业数字化建设和融合发展提供了重要的方向指引和新的任务要求。例如，要在数据采集加工、交易分发、传输存储及数据治理等环节，制定文化产出内容数据的安全标准，强化中华文化数据库数据入库标准，构建完善的文化数据安全监管体系，完善文化资源数据和文化数字内容的产权保护措施；要加快文化数字化建设标准研究制定，健全文化资源数据分享动力机制，研究制定扶持文化数字化建设的产业政策，落实和完善财政支持政策，在文化数字化建设领域布局国家技术创新中心、全国重点实验室等国家科技创新基地，支持符合科创属性的数字化文化企业在科创板上市融资，推进文化数字化相关学科专业建设，用好产教融合平台。

2022 年 4 月，中共中央宣传部印发《关于推动出版深度融合发展的实施意见》，文件围绕加快推动出版深度融合发展，构建数字时代新型出版传播体系，坚持系统推进与示范引领相结合的总体思路，对新时代出版融合发展的目标、方向、路径、措施等作出了全面部署，提出了强化出版融合发展内容建设、充分发挥技术支撑作用、打造出版融合发展重点工程项目、建强出版融合发展人才队伍等出版业深度融合发展的重要着力点。2022 年，主管部门持续深入实施出版融合发展工程，通过启动实施数字出版优质平台遴选推荐计划和出版融合发展优秀人才遴选计划，充分发挥行业示范引领带动作用，将融合发展引向深入。

（三）技术创新不断升级

科学技术的进步推动传统出版业走过了"铅与火""光与电"的时代，迎来了"数与网"的全新时代，技术创新是推动数字出版产业迅猛发展的强劲动力，智能化、万物互联、大数据是未来媒介的发展趋势。数字出版讲求"用户至上，需求为先"，这就要求出版企业不断提高科学技术应用水平，加快推进融合发展的进程。一方面，出版单位加大了对行业前沿、关键核心技术的关注、研发与应用力度，数字出版共性技术在出版流程中得以广泛应用，数字出版的内容加工、产品管理和市场服务水平得以显著提升；另一方面，企业开始根据自身需求，有针对性地运用数字技术，实现科技与内容、产品的良好融合。

具体而言。技术的创新升级可分为三个方面。

第一个方面是大数据技术、物联网技术得到广泛应用。基于大数据技术的互联网思维引发了各个行业天翻地覆的变化，出版业当然也不例外。理念的革新、对个性化阅读需求的重视被提升到更高的层次，运用大数据技术，可以准确把握用户需求，提升资源整合能力，实现内容生产的分众化、特色化、精准化。技术革新带来的出版业的转型升级，将不只促成产品形态的变化，还会借助大数据技术运用互联网思维，深入掌握渠道和用户，进而实现从提供产品到提供服务、从文化产品加工制造商向互联网服务提供商的角色转变，从而推动整个行业创新动力的加速发展，将物与物、物与人之间的互动培育出新的"产品＋服务"，这也是出版业和物联网技术的创新结合。[①]物联网基于设备之间互联、互通的理念，强调通过新一代信息技术来改变政府、公司以及人们交互的方式，从而提升交互的准确性、灵活性和响应速度。中国移动、中国联通、中国电信三大运营商也开始建立自己的物联网研究中心，试图占领数字出版市场中移动出版市场这片高地。另外，大范围的数字技术应用，使各种可穿戴产品、智能设备为用户提供实时化的智能服务成为可能，大量的实时性、相关性的数据成为数字内容的创新来源。运用数据分析、人工智能等先进技术的个性化服务型产品正在迅速抢占市场。企

---

① 孙菊：《数字出版时代大学出版的路径创新》，燕山大学出版社，2020，第59页。

业与政府之间、企业与企业之间逐步形成不同形式的多样化战略联盟，产业管理信息实现整合和共享，行业大数据悄然形成。

第二个方面是云计算技术带动下的云出版与云服务得到进一步推广。互联网和云计算技术为数字出版领域提供数字内容管理、在线阅读、在线教育、数字图书馆、电子商务等产品与服务。数字出版云服务具备按需服务、网络接入广泛、资源池广阔、按使用量计费等多个特征，该技术的推出有助于解决长期困扰数字出版产业发展的内容、版权和运营等问题。随着云计算技术的进一步发展，数字化创新也进一步发展、完善。通过拥有海量感知数据的云出版平台，出版社可以对社内资源加密，可以选择发行渠道进行授权、安全分发，渠道运营商可以打通各种渠道的终端应用，方便获取出版单位授权的资源进行运营。云计算在出版领域的应用使出版行业和终端用户获益颇多，为出版行业提供了强大的信息获取、数据处理和存储、分析服务，使开发者不再受到物理资源和硬件配置的约束，对出版产业达成合作联盟、统一行业标准、完善产业链分工、高效利用和使用资源、提供更好更便捷的服务等方面起到直接的推动作用。同时，用户也能够随时随地通过各种终端设备获取个性化服务，处理个人事务，进行信息存储等工作，并可实现协同计算的需求。

第三方面是二维码技术的发展。数字出版业对二维码技术的应用不再只是拓展产品信息获取的渠道，而是与产品本身有了更充分的结合。二维码技术可以将传统出版内容进行延伸，节省成本，还可与读者在线互动，这种低碳环保的形式的确是传统出版物数字化的一个捷径。传统报纸的数字化转型也推动着二维码技术的发展，比如一则新闻下面自带二维码，读者通过手机扫描，便可收看记者在新闻现场的采访报道；一本科学杂志上附上视频讲解二维码，读者便可通过扫描二维码观看视频来理解深奥的科学知识。二维码技术让纸质图书的内容延伸至手机，技术与出版的融合丰富了阅读体验，提升了呈现效果。

（四）产业形态更加多元

数字出版产业形态多元的前提是特色资源数据库的内容更加丰富、建设更加完善。在众多数字化产品中，资源库当属龙头产品。利用数字化技术把专业出版资源进行数字化、多维化、碎片化、结构化改进，实现海量出版资源在数据库中的聚集，来打造专业领域优质内容服务平台和数字内容仓库，以便出版社对已有资源进行有效管理、充分利用。这些内容结构化的资源可以多次开发、自由组合，为不同的用户提供不同的内容服务，塑造不一样的产业形态，如网络文学、网络地图、电子音乐等，并获取多样化盈利。同时，将出版社正在做的纸质图书内容及配套的信息资源及时入库，也利于管理，方便开发数字化产品。

利用数据库来丰富产业形态已成为各大出版集团发展的重要抓手，尤其各教育出版社，他们纷纷建立各种各样的数据库，有的特色资源数据库是针对特定群体的特定需求开发的，也有针对特定主题开发的，基本都取得了良好的成效。例如，以慕课为代表的在线教育形态迅速崛起，为众多有知识需求的人提供了一个学习的绝佳场所，很多教育出版社和专业出版社都搭建了自己的在线平台，开发了基于自身内容资源的慕课课程。

（五）版权意识得到强化

数字版权保护对数字出版产业链的健康发展起着至关重要的作用，是产业发展的基石。国家在既保护作者权益又保证数字出版企业持续发展的前提下，兼顾各方，积极构建健康适当的信息传播秩序。

早在 2014 年 5 月，由中国提出的首个新闻出版领域的国际标准《国际标准关联标识符（ISLI）》就正式发布了。ISO 将 ISLI 国际注册中心的承办权授予总部位于中国香港的国际信息内容产业协会（ICIA），这也是首个落户中国的国际标准注册中心。紧随其后，全国新闻出版标准化技术委员会制定的数字版权保护技术研发工程标准中涉及的 25 项标准完成了审查、报批工作，并根据要求组织了标准培训。与此同时，数字版权立法工作也在持续推进。2000 年 12 月 21 日施行的《最高人民法院关于审理涉及计算机网络著作权纠纷案件适用法律若干问题的解释》确认了网络传播为我国著作权法所称的作品的使用方式之一，明确规定了对著作权人的上网权给予保护；2014 年 10 月公布的《最高人民法院关于审理利用信息网络侵害人身权益民事纠纷案件适用法律若干问题的规定》，明确了利用自媒体等转载网络信息行为的过错及程度认定问题；2021 年 11 月 11 日，党的十九届六中全会将强化知识产权创造、保护、运用写入全会决议，充分体现了党对知识产权事业发展的充分肯定。为全面贯彻习近平总书记关于知识产权工作重要讲话精神，认真落实《知识产权强国建设纲要（2021—2035 年）》《"十四五"国家知识产权保护和运用规划》，国家版权局加强版权工作顶层设计，印发《版权工作"十四五"规划》，对"十四五"时期版权工作的指导思想、基本原则、发展目标、重点任务等进行了安排计划。上述举措为全面贯彻落实党中央关于知识产权工作重大部署，建设创新型国家和实施文化强国、知识产权强国战略提供了重要支撑。

另外，国家、社会也在不断为版权保护做出贡献。由国家版权局主办的中国网络版权保护与发展大会自 2016 年开始，每年都针对具体的网络版权保护进行深入探讨，推动了数字出版版权保护的进展以及版权和互联网产业的创新发展。

如今，数字版权已经可以登记了。2022 年初，由中国版权保护中心牵头，华为、蚂蚁科技、阿里巴巴等多家互联网头部平台企业和垂直领域代表性应用共同参与的《基于数字版权链（DCI 体系 3.0）的互联网版权服务基础设施建设与试点应用》项目获得了中央宣传部、中央网信办等 16 个部门联合批准，成为 12 家国家"区块链 + 版权"特色应用试点之一。2023 年 7 月，该项目开展公测。互联网平台基于 DCI 标准研发后，即可作为数字版权链的应用平台，通过调用 API 接口，为本平台用户提供"即时申领 DCI，按需办理数字版权登记"的服务。用户在数字内容创作完成后，即可申请领取 DCI 编码，获得"数字版权唯一身份证"。用户拥有了 DCI 编码之后，可在数字版权链支持的数字内容生态中获得数字内容授权、数字版权交易等服务支持。若用户需办理数字版权登记，可继续按照版权登记申请要求提交登记申请材料，经中国版权保护中心审核通过后，可获得作品登记证书（数字版），这个证书可作为用户的数字内容权属证明，也可支持用户发起维权。[①]

（六）数字教育得到重视

数字教育出版是数字出版的重要组成部分，随着国家和社会对数字教育的重视程度不断提高，数字出版业也会得到很好的发展。

早在 20 世纪 80 年代，随着个人电脑的普及，一些学校和教育机构开始尝试

[①] 西安众泰知识产权：《政策解读——数字版权可以登记啦！》，https://baijiahao.baidu.com/s?id=1781352435404784924&wfr=spider&for=pc，访问日期：2023年11月3日。

将计算机引入教学。这一阶段的数字化教育主要体现在使用计算机辅助教学软件和程序，以及通过计算机进行模拟实验和学习。然而，由于硬件和软件的限制，这一阶段的数字化教育并未得到广泛普及。20世纪90年代末，随着互联网的普及，网络教育开始兴起。网络教育打破了传统教育模式的地域限制，使得学生可以在家中或其他地点接受教育。网络教育的内容主要包括在线课程、虚拟课堂、电子图书馆等。进入21世纪，随着互联网技术的不断进步，在线学习逐渐成为一种新的学习方式。在线学习使学生可以根据自己的时间和地点安排学习，具有极大的灵活性和便利性。在线学习的内容不仅包括文本和图片，还包括音频和视频等多种形式。近年来，人工智能技术在教育中得到了广泛应用。人工智能可以为学生提供个性化的学习服务，根据学生的特点和需求进行精准推荐和辅导。此外，人工智能还可以辅助教师进行教学管理、评估和反馈等工作。除此之外，大数据技术、虚拟现实与增强现实等技术都在教育中得到应用，推动了数字教育的发展，为数字出版业发展培养人才的同时，也促进了以数字出版为载体的教育模式进入教育体系。

2022年全国教育工作会议对当年的教育工作作出全面部署，明确提出我国要"实施教育数字化战略行动"。由此可见，教育的全面数字化转型是必然趋势，也是战略要求。会议特别强调要大力发展适应新技术和产业变革需要的职业教育，优化职业教育的发展环境，增强职业教育适应性，提高内涵质量。《2022年提升全民数字素养与技能工作要点》中提出要促进全民终身数字学习，完善数字技能职业教育培训体系。2022年4月20日，十三届全国人大常委会第三十四次会议表决通过新修订的《中华人民共和国职业教育法》，并于同年5月1日起正式施行。国家职业教育智慧教育平台正在加快建设中，该平台由"专业与课程服务中心""教材资源中心""虚拟仿真实训中心""教师服务中心"4个子平台组成。其中"专业与课程服务中心"已于2022年3月上线，包括专业资源库、在线精品课、视频公开课3个板块，首批上线2万余门课程，覆盖了13个学科92个专业类。其他中心及功能也即将建设完成并上线。该平台既满足了系统化教学的需要，也服务于职业院校的专业建设与教学改革。在新型基础设施建设、政策环境和法治等层面，职业教育体系日益健全，为高质量发展提供了有力保障，也表明职业教育在整个教育体系中的地位进一步提升。与此同时，新职业不断涌现，职业教育需求日益提升，赛道逐渐细分，职业数字教育也将迎来新一轮的发展机遇。职业教育将成为众多线上教育机构转型的重要领域，将加速赛道竞争进入白热化。互联网企业也将进一步加大职业教育投入，如腾讯课堂在 2022 年表示要投入更多力量在"薪选""灵选"两个职业教育品牌上，针对重点领域，从课程质量、学员就业质量、师资力量等维度，遴选教培机构和课程，提高教育服务供给质量，同时整合人才供需两端资源，畅通人才就业通道，进一步健全教育服务体系。

《教育部 2022 年工作要点》提出，推进中考改革、深化高考综合改革。这一重点部署将为基础数字教育带来深远影响，加之"双减"政策落实、教育机构全面整顿都在加速教育领域，特别是基础教育领域的"去资本化"趋势。一方面，将迫使一些教育机构改变赛道，进入成人素质教育、继续教育和职业教育等领域寻找新发展空间；另一方面，将推动互联网教育企业、民营教育培训机构加强与传统教育出版单位的合作，从新型教育基础设施建设、数字教育平台建设和智慧校园解决方案等方面参与基本公共教育服务体系建设。内容资源的专业性、规范性、严谨性是传统教育出版的立身之本，也是其突出优势。在教育深化改革背景下，为引导在线教育规范有序发展，国家对在线教育的内容、方式、收费、时间等方面有了一些明确的限制，但"双减"政策明确提出要征集、开发丰富优质的线上教育教学资源，为学生提供高质量专题教育资源和覆盖各年级各学科的学习资源，这意味着政府将加大对优秀数字教育资源的采购力度。

数字教育与数字出版的深层关系在于，一方面，数字教育离不开互联网的内容建设，这在某种程度上可以认为数字教育是具有教育性质的数字出版内容，而且数字教育出版本身就是数字出版产业的重要子部分；另一方面，数字出版包括媒介载体的打造，而数字教育正需要这种媒介作为内容载体；再一方面，数字教育与数字出版的基本知识是相通的，包括对技术的学习与应用、对内容的生产与运营，因此，数字教育得到重视，也就在某种程度上意味着数字出版产业的后备力量得到了补充，两者是密切联系、相互影响着的。

因此，传统教育出版单位若能充分发挥内容资源优势，同时推进出版单位的数字化转型、融合发展迈向深化，就有望在数字教育领域获得更大的主动权和更为广阔的发展空间，如前文提及的"国家智慧教育平台"就是由高等教育出版社运营的。同时，数字教育的评价体系建设和治理体系建设也将提上日程，特别是高质量发展对数字教育资源供给的专业性、规范性、权威性提出了更高要求，数字教材、在线课程等数字教育资源质量的评价标准和教学效果评价体系建立成为当务之急，数字教育生态正在加速演变重塑。

二、国内数字出版的发展缺陷及优化路径

我国数字出版产业在政府和企业的共同努力下取得了丰硕的成果，得到了长足发展。但是，数字出版产业在持续发展中还面临一些障碍和瓶颈，应当引起业界和管理部门的高度重视，并探讨出优化策略。

（一）国内数字出版的发展缺陷

如今，社会已经步入了飞速发展的阶段，相关的产业也应该与时俱进，满足时代的需求。国内数字出版业的兴起已经有数十年了，其成绩可圈可点、有目共睹，但在发展过程中也存在一些不足，具体体现在以下几个方面。

第一，数字出版产业链相对分裂。数字出版市场存在的产业链整合模式有信息技术运营商主导、出版商主导和终端商主导三种。新时期我国出版模式多样化、参与主体复杂化和内容增值技术化趋势明显，数字出版的生产业态及产业链越来越复杂，然而数字出版的内容商价值链、渠道价值链和买方价值链却并未形成整合优势。这不仅不利于宏观层面的把控，更可能造成数字出版业的分裂，产生阅读层面的两极分化，不利于数字出版业的长远发展。因此，在社会化阅读背景下，数字出版产业链有必要重新整合，构建出一条完整、和谐的产业价值链。

第二，数字出版业务流程不够完善。传统数字出版的业务流程是选题、组稿、审稿、加工、数字化处理、加载技术、试阅读、网络销售、读者库建立、互动机制、更新或增值服务、咨询服务、市场反馈、产品和内容服务升级。这种形成闭环的业务流程体现出的是出版产业的严谨，但相对繁琐的步骤也和高速发展的时代有些脱节，其弊端和不适应性逐渐凸显，表现为数据格式不统一、数据传递不流畅、内容资源无法共享、跨平台阅读难以实现等，这些都在很大程度上影响了用户的体验，降低了受众对数字出版产品的关注度和消费欲望。

第三，数字出版技术没有被充分运用。当前数字出版产业的常用技术是各种移动终端带动数字出版用户的普及。这种模式的优势是数字产品覆盖的范围广、

影响面积大，但劣势在于呈现形式相对固定、技术含量不高。以手机报业务为例，目前许多企业推出的是平面浏览的方式，其本质等同于传统报纸的电子化。浅层次的技术开发，远远不能满足不同层次、不同需求的用户多元多样的需求。手机终端的优势没有被充分利用，语音数字报、彩信数字报、交互式数字报等新形式没有得到发展，数字出版技术升级更新的步伐需要进一步加快。

第四，数字出版人才匮乏。数字出版的发展速度越快，对人才的数量和质量要求越高。我国目前储备的数字出版人才远不能满足产业发展的需要。国内培养数字出版专业人才的高校少之又少，社会上又缺乏数字出版方面的再教育，导致许多人仓促入行，技术水平参差不齐，影响了数字出版产业的持续发展。概言之，既懂经营管理，又有商业经验；既掌握专业科技知识，又能够熟练操作；既懂法律法规，又能灵活运用；既善于分析研判，又能掌控大局；既懂国内市场，又有全球眼光；既能讲好中国故事，又懂外语会翻译的复合型人才十分匮乏。

第五，版权保护力度有待加强。尽管从近年来国家在版权保护上做出的成绩来看，国内版权保护体系已经相对完善，但是仍然存在缺陷。一方面，技术的发展日新月异，激发新的发展动力的同时也为一些投机取巧的人提供了便利，使数字网络的侵权成本越来越低，再加上网络的虚拟性以及变相洗稿、快转快删等行为的存在，使得维权中的取证变得十分繁琐困难。另一方面，侵权成本降低的同时，维权的成本一直居高不下。维权过程不仅会耗费大量人力物力，还有可能面临因为取证不足导致的败诉风险。而且著作权法规定赔偿最高为 50 万元，这与高昂的诉讼成本并不对等。因此，在多种因素的综合作用下，许多被侵权的作者或选择诉诸网络、诉诸舆论，或无奈撤诉，达成和解，真正侵权的人没有得到应有的惩罚。

（二）国内数字出版发展的优化路径

随着科技的进步和互联网的普及，数字出版已经成为出版业的重要发展方向。然而，国内数字出版业在迅速发展的同时，也存在着一些问题。为了优化国内数字出版业的发展，笔者尝试提出了以下几种优化路径。

第一，活用技术，实现内容创新。数字出版业的优势在于科学技术的支持，但其本质仍然是出版业，仍然应该遵循"内容为王"的原则。因此，为了充分发挥数字出版业的优势，并且捍卫数字出版业的本质和初心，最好的方法便是通过技术来实现内容的创新，打造更加丰富、多元化的阅读体验。例如，可以引入多媒体元素，运用虚拟技术、H5 技术等，制作能够调动多种感官的阅读文本，提升读者的阅读体验。当然，技术也需要保持更新的状态，要加强技术研发和创新，提高数字化转换技术、网络传输技术、阅读器技术等关键技术的水平，为数字出版业带来更多的可能性。

第二，实现多方面整合。一方面，应整合产业链，统筹内容制作、技术研发、平台运营、渠道推广等环节，实现产业链上的各环节紧密配合，完善整体的流程和步骤，共同制定行业标准，提高整体竞争力。另一方面，应该充分整合资源，将内容资源、技术资源、人力资源等的价值发挥到极致，提升数字出版的整体效率和效益。此外，应整合渠道和营销，形成全方位的营销方式，加大数字出版业的投放触点，以便更好地推广数字出版产品，提升数字出版产品的销售效果。

第三，强化版权保护。一方面，要加强版权保护宣传，提高网络维权意识，可以通过各种网络广告、社交媒体等进行宣传，还需要进行线下宣传栏、户外广告等宣传，通过线上与线下的结合推进知识产权法规的普及和运用。另一方面，应完善维权程序，简化流程。加大网络版权保护的法律力度，加大与政府管理部门、知识产权研究机构的合作，落实版权保护措施，在给原创作品提供版权登记、版权许可、版权保护、版权交易等方面设立完善的制度及服务。同时，进一步简化相关程序，降低时间成本与经济成本，提高被侵权人运用法律保障自身权益的自觉性、积极性。

第四，培养专业人才。人才的匮乏是阻碍数字出版产业进一步发展的主要因素之一。数字出版业要注重培养具备创新意识的人才，实现数字出版的内容创新，让数字出版业摆脱数字出版只是纸质文字内容翻版的固有印象；要注重培养技术型人才，数字出版要充分发挥网络的特性就必须具备能够发挥其特性的专业人才，数字出版业可以积极与技术产业合作，加大培养现有数字出版工作人员的力度，或者在人员招聘时严格把关，汇入既具备内容意识，又有技术基础的新鲜血液。不论在哪个领域，人才都是第一资源，是决定发展的关键因素。数字出版业的发展关系着社会文化的建设成果，其重要性要求人才培养必须抓紧、抓严，因此，关于数字出版业的人才培养问题，后文还会展开论述。

第二节　国外数字出版的发展现状

一、日本数字出版的发展现状

（一）整体稳步增长

日本在 2013—2022 年的十年间，传统纸质书刊销售总额基本上呈现下降趋势，其中杂志销售总额下降幅度最为明显。与传统纸质书刊的持续下降成对比的是，日本电子出版市场销售总额稳步上升。

2013 年日本数字出版市场总规模为 1 013 亿日元，其中电子书市场规模约为 936 亿日元，同比增长 28.4%，电子杂志市场规模达到了 77 亿日元，同比增加 97.4%。面向新平台的电子书市场规模为 789 亿日元，同比增加 114.4%。而面向传统手机等非智能终端移动设备的电子书市场规模大幅缩水至 140 亿日元，同比减少 60.0%。

2014 年，在数字出版物数量持续飙升的作用下，日本纸质漫画和电子漫画的整体市场进一步提升。随着智能手机的日益普及，日本各界将目光投向手机出版领域，两大网络运营商 DeNA 和 NTT DoCoMo 联手创立最大的小说、漫画投稿网站 Everystar。2014 年销售总额达到 3 160 亿日元，远远高于 2005 年历史最高的 2 660 亿日元。另外，日本作为报纸发行量和普及率排名占全球首位的报业国家，在传统报业遭冲击的当下，数字报纸产业呈现良好的发展态势。其中《每日新闻》凭借 "MSN 每日互动" 数字化服务板块奠定了其在日本报业的前沿地位。《读卖新闻》《朝日新闻》《日本经济新闻》等报社以手机报成功完成数字化转型。这些报社的手机新闻业务，是通过日本手机采用的 "I-Modle" 技术，使用户能够随时用手机接入互联网浏览时事新闻、明星动态或者查询资料、路线等等，为用户提供了极大方便。采取阅读收费模式的日本手机报发展全球领先，以《读卖新闻》为例，它只有五六位负责手机报业务的员工，但此报纸每年创造的利润却高达 1 亿日元。[①]

---

① 万安伦：《数字出版研究：运行模式与发展趋势》，中国传媒大学出版社，2017，第62页。

2015 年，日本数字出版市场规模达到了 1 584 亿日元，较上年增长了 25.1%，数字漫画市场规模则达到 1 277 亿日元，而且有大量免费的数字漫画。这与日本的上班文化密切相关，日本工薪阶层在上下班途中阅读漫画成了一种自然而然的普遍现象和趋势，带动了日本数字漫画及其连带产业的发展。2016 年，日本数字出版市场的规模为 1 909 亿日元，其中漫画类为 1 460 亿日元，图书为 258 亿日元，杂志为 191 亿日元。漫画的数字出版市场仍然占据日本数字出版的相当一部分。后续几年日本的数字出版业的发展仍然基本保持稳步上升且漫画出版占据重要位置的趋势，到 2021 年，日本数字出版市场规模已达 4 662 亿日元，2022 年达 5 013 亿日元。[①]

从这些数据可以看出，和大多数国家一样，随着技术的普及程度日益提高，日本的数字出版市场规模一直持续增长。其中，电子漫画的发展是一大特色，这是日本的社会文化、时代发展共同作用的结果，数字漫画也成为其影响海外数字出版市场、进行文化输出的一个途径之一。

（二）资源整合度较高

与日本电子出版市场的蓬勃发展相适应，日本数字出版相关的协会、机构、集团、网站等也逐渐成立。面对传统出版市场的衰退，日本各路出版机构纷纷采取抱团形式，积极投入到数字化转型中来，探索数字化转型模式，共商对策，实现资金、人力、信息等资源的共享。例如，日本《读卖新闻》《朝日新闻》《日本经济新闻》等就曾达成协议，联合运营网站，这个新网站将三份报纸的头版、社会版、社论版等并列展示，供读者对比阅读，受到读者热捧。又如，由朝日新闻出版社、学研社、讲谈社等 31 家出版社联合组建，以数字出版商务模型为试行模式，以数字出版业情报收集为目的的"日本电子书出版社协会"（JEPA）的正式成立，标志着一家主要从事数字出版制作、流通、体系等方面的研究以及数字出版相关机构的交流、协作等工作的整合型出版机构诞生。日本出版企业强强联合、共谋出路的例子还有很多，如小学馆、集英社和白泉社联合成立一桥集团；讲谈社、King Records、光文社、日刊现代、星海社，联合成立羽音集团；新潮社、集英社等大型出版社联合组建了"电子文库 PABURI"；讲谈社、新潮社、

---

① 刘春燕：《日本出版市场"破局"之道》，《环球》2022 年 3 月 9 日第 3 版。

读卖新闻等日本知名的新闻出版机构与索尼公司联合组建了专门发行电子图书的服务公司等。

日本这种整合资源的发展模式能够为国内数字出版发展提供一定的参考。值得一提的是，整合型发展虽然能够最大化利用资源、提高效率、降低成本等，但有时也会存在一些缺陷，如缺乏深度和广度、整合格式混乱、难以维护和更新、技术依赖度高等问题。因此，需要以辩证的眼光来看待，找到最适合我国数字出版的数字产业发展模式。

（三）创新意识较强烈

长期以来，日本的图书销售方式是固定价格销售的"再贩制"。在"再贩制"的实施过程中，日本出版业形成了比较固定的利润分配结构，即每赚取十块钱，出版社得七元，图书批发公司得一元，书店得两元。对出版社来说，"再贩制"虽然能够保证出版社的利润，可是它允许书店将销售不出去的图书等退还给出版社，这也给出版社带来了不小的压力，造成图书退货率居高不下等现象，不利于出版业的发展，一定程度上影响了其出版业数字化转型的步伐。不过，随着信息技术的迅猛发展以及数字化在全球的普及，网络化浪潮向出版业推进，日本出版业，包括出版社、图书批发公司及书店，开始在内容生产、新营销渠道建设等各个环节上加大数字化改革的力度，积极实施创新。

首先，在内容生产方面，日本出版业将数字化资源按流程运用于出版全流程中，比如通过网络收集素材、选题和稿件，并将同一个数字化内容在多个数字终端设备上同步或是不同步传播，实现内容资源的多次反复利用，推进数字出版转型。

其次，在拓展新销售渠道方面，争取新的数字内容渠道收入，典型事例是日本两大图书批发公司"东贩"与"日贩"网络销售系统的建立。两家公司建立了各自的销售网站，在网络上直接销售图书，从而在一定程度上摆脱了对书店零售的依赖，由此动摇了日本出版业"再贩制"的基础，促进了数字出版业的发展。日本出版业还大力推进按需印刷和网络预订，借助按需印刷实现个性定制、印刷图书，提升了读者购买图书的积极性；通过网络预订，出版社能够预判、分析图书的起印量，避免过度印刷造成的浪费，同时读者也能够采用分期付款的方式来购买图书，减轻经济压力。这些做法的最终目的都是为出版社的数据分析提供长期和稳定的信息来源，以保证数字出版内容的数量和质量。

二、韩国数字出版的发展现状

（一）数字化转型是大趋势

韩国出版文化产业振兴院的产业统计、统计厅的网络出版流通销售比较等资料显示，韩国出版零售在近几年都处于下滑趋势，大多数传统出版企业纷纷开启数字化转型之路，越来越多的出版商开始涉足电子出版、有声读物等领域，拓宽经营范围。同时，消费者在购买出版物时的需求也更加多样化、个性化，需求变化加快，要求也不断提升。为了在一定程度上降低数字出版可能造成的出版内容质量低下带来的负面影响，韩国曾一度推行"图书定价制"。其实不仅是数字出版业，在传统出版业，"图书定价制"也能够起到很好的效果，因为其能够有效遏制韩国图书市场存在已久的虚假定价现象。由于网络书店兴起，进货量暴涨，网络书店开始向出版社要求低价进货，但出版商若一味通过低价格策略吸引读者，就会降低图书的品质，形成恶性循环，甚至导致破产。实行"图书定价制"，出版社只能通过提高图书的内容品质来吸引读者，如此一来就会促进更多优秀图书的出版，防止恶性的价格竞争影响学术、文艺等领域图书的正常出版，同时也可以拯救受网络书店冲击濒临倒闭的中小型实体书店。

（二）数字出版市场平稳增长

1997 年亚洲金融危机后，韩国政府把经济增长目标转移到资源消耗比传统产业少的数字行业，政府在经济、政策等方面予以大力支持，再加上互联网信息技术的发展，智能手机与平板电脑等智能终端在韩国快速普及，韩国数字出版市场呈直线上升趋势，其中电子书和手机阅读的增长速度最快。

2014 年上半年，韩国电子书流通代表性企业 YES24 发布的电子书类畅销排行榜占有率图表显示，文学题材电子书占 57.9%，占有率最高；人文和社会题材继文学题材之后以 12.8% 和 6.2% 的占比位居第二位和第三位；漫画题材仅占 3.5%，居第七位。[①] 在文学领域，赵廷来的《丛林万里》、姜元国的《总统的写作》等备

---

① 万安伦：《数字出版研究：运行模式与发展趋势》，中国传媒大学出版社，2017，第102页。

受读者青睐，大部分受欢迎的电子书也曾是畅销纸质书。这一年，以三星为代表的硬件厂商尤其值得关注。三星先是扩张 Reader Hub 所整合的数字书刊资源，邀请亚马逊 Kindle 等平台为三星硬件设计专属应用程序，再与漫画巨头 Marvel 合作推出三星平板专属的 Marvel Unlimited 以供用户无线阅读数字漫画内容，同时构建了自己的数字内容生态，在手机竞争激烈、利润空间急剧压缩的背景下，为自己的数字出版市场留出一席之地。

2020 年，韩国文化产业出口额突破 14 万亿韩元，同比增长 16.3%。其中计入项包括出版、漫画、音乐、游戏、电影、动画、电视节目、广告、卡通形象、知识产权、内容解决方案 11 个韩国承认的内容产业。其中，出版占据 61.1%，数字出版占据更重要地位，智能手机终端出版物的销售额在整个数字内容市场的占比也在不断提高。[1]

韩国政府在政策、人才培养等多方面给予网络游戏大力扶持，并通过利用其后发优势，尤其是在网络、数字技术方面的后发优势，使得韩国的网络游戏获得了长足发展，在国内普及率很高。在网络游戏领域进行的电子游戏竞技运动也风靡韩国，并涌现了一批电子游戏玩家引领网络游戏的潮流。虽然目前韩国的游戏出版市场呈现饱和后的回落状态，但总的体量仍然十分可观。

除了以上两点大趋势之外，在线销售正逐渐成为韩国出版业的主流销售途径之一，电商平台如"11Street"等提供了数字书籍的销售渠道，大部分出版社也开始运营自己的电商网站。不过，韩国数字出版产业的发展趋势并不乐观，其面临着双职工家庭增加导致人们生活方式发生变化、出生率降低导致读书人口减少等问题，未来出版市场和出版产业可能会出现萎缩。

三、美国数字出版的发展现状

（一）产值总体增加

美国的数字出版市场规模基本上逐年递增，偶尔出现波动。2015 年 6 月 10 日，美国出版商协会发布"2014 年度美国出版业统计报告"，这是针对美国近 1 800 家活跃出版商的收入等进行的统计。该报告显示，2014 年美国电子书总收

---

[1] 界面新闻：《韩国文化产业出口规模超14万亿韩元，出版、电影、漫画等增幅居前》，https://baijiahao.baidu.com/s?id=1722822029027287913&wfr=spider&for=pc，访问日期：2022年11月14日。

入为 33.7 亿美元，比 2013 年小幅度提升了 3.8%。电子书销售了 5.1 亿册，仅仅增长了 0.2%。尼尔森的数据还显示，成人小说电子书销量从 2010 年起大幅增加，2012 年以后增长放缓，2014 年成人小说电子书销量下滑 9%，仅略微领先于 2012 年的水平；大众小说领域，爱情、悬疑、神秘和幻想类小说有超过 50% 的销量来自电子书；成人非小说的电子书销售收入增长 0.5%，该细分领域在总收入的占比仅为 15%；青少年小说电子书市场的销量有大幅增长，过去 3 年的年复合增长率为 12%，2014 年青少年小说市场的电子书销量增长了 10%；购书者 2014 年下半年平均购买 5.3 本书，其中 45% 为电子书，但是只买电子书的消费者的购书量是只买纸质书的消费者购书量的两倍；2014 年 12 月电子书销量是纸质书销量的20%，11 月为 33%，10 月为 40%。由此可见，美国电子书销量的增长速度在变缓甚至开始下降。

2021 年，美国电子书销售额达到 11 亿美元，下载类有声读物销售额达到 7.66 亿美元；在宗教出版数字阅读方面，电子书销售额为 4 920 万美元，下载类有声读物销售额为 3 970 万美元。同时，美国数字出版业中的移动游戏业、数字音乐业、数字动漫业等新业态也在发展壮大。2022 年，美国大众市场中电子书销售额达 10 亿美元，出现了下降趋势，但下载类有声读物销售额达到 8.40 亿美元，同比增长 7%。总体来看，美国的数字出版产业仍然具备向上发展的潜力。[①]

（二）产业结构明显

随着技术的进步，新的数字出版产品在不断涌现，不过基本上没有动摇美国既有的数字产业结构，即数字图书业、数字期刊业以及数字新闻业三足鼎立。

在数字图书业方面，美国数字图书业产值近年来增幅放缓，其中，大型的出版企业业务基本稳定，没有找准自身优势的小型出版企业则有许多被兼并。从数据上来看，美国 2019 年数字图书业产值为 53.12 亿美元，较 2015 年增长了 0.32 亿美元，增长率为 0.6%。此外，宗教类数字图书的销售收入位居所有数字图书品类的榜首，达到了 2 100 万美元。[②]

在数字期刊业方面，美国期刊的数字化转型较早，如今已经基本完成转型，

[①] 付娆、李晖：《结构改变与模式创新：美国数字出版业发展的现状、转向及启示》，《出版与印刷》2022 年第 5 期。

[②] 同上。

只有部分历史悠久的期刊仍然保留纸质传统，不过这部分期刊的数字出版收入已经远超实体出版收入了。全球综合数据平台 Statista 发布的调查数据显示，从 2015 年到 2020 年，美国数字期刊业收入持续攀升，其中，学术类数字期刊表现较为亮眼。2020 年，美国期刊业一共创造了 10.91 亿美元收入，其中 7.08 亿美元为数字期刊收入。尽管期刊业的发展呈现出了下降的趋势，但数字期刊的收入和订阅量逐年上升，说明期刊的用户质量更高了。

在数字新闻业方面，美国数字新闻业在 2015—2021 年保持总体增长。Statista 调查数据显示，有 15% 的用户表示每年都会阅读数字新闻，仅 4% 的用户表示每月只阅读一次数字新闻。《纽约时报》数字新闻业务的订阅用户数从 2018 年的 233 万增长至 2020 年的 750 万以上，涨幅喜人，其中 669 万是纯数字订阅用户。2020 年《纽约时报》达成了两项里程碑式的成就：一是数字收入超过了纸媒收入，并成为其最大的收入来源；二是订阅用户数已经达到了 2025 年目标的四分之三。国际报刊联盟发布的《2022 全球数字订阅报告》最新数据显示，《纽约时报》的付费订阅用户数量已达到 832.8 万。[①]

美国的数字出版业基本上由上述三个分支产业构成，已经形成了较为分明的主次结构，各分支的总体发展趋势稳步向上。

（三）阅读平台日趋完善

iPhone 应用商店在 2008 年 7 月 10 日开业、亚马逊应用商店在 2011 年 3 月 22 日开业、谷歌游戏于 2012 年 3 月 6 日推出，经过数十年的发展，美国的数字出版体验平台越来越成熟、完善。出版商可以在较短的时间内拥有更新、更强大的分销渠道，建立渠道目标和印刷、网站和行业在线托管平台。当应用程序进入市场，出版工作人员可以更好地了解管理、编辑、产品开发、市场营销、销售等细微的条款，甚至有一个数字体验的移动平台，可以执行多个业务功能，提供不同的内容和卓越的客户体验。出版厂商可以提供工作流程建议和实际经验给客户并让客户愿意为自己感兴趣的内容付费，既节省了时间又保持了应用程序的不断更新。

总之，搭建一个成熟、完善、合理的数字体验平台，是实现数字出版发展的

---

① 付娆、李晖：《结构改变与模式创新：美国数字出版业发展的现状、转向及启示》，《出版与印刷》2022 年第 5 期。

关键。在这方面，美国较为成功，其数字体验平台体现出了以下几个特点。第一，多样性。在数字体验平台上，用户可以阅读到各种各样的文章，实现各种形式的阅读，丰富的资源库为用户提供了足够多的选择，能尽可能地满足用户的阅读喜好。第二，同步性。成功的出版商提供的内容会同步出现在网站和应用程序中，虽然出版商不能直接要求用户从应用程序转到网站，但仍然会有新的收入从应用程序内获得，这仅仅是通过另一种渠道来产生收入。第三，宣传性。推送通知创建了一个结构化的培育潜在客户的过程，能让人们对一个不熟悉的应用程序从忽略到接受，这种类型的沟通是成功而且有效果的。第四，技术性。移动应用程序的普及和强大的技术后台是分不开的，它提供了基于实时指标的数据，比如位置和人数统计，让客户一目了然。

时代的发展趋势明确表明，在这个数字出版技术相互整合交融的时代，出版商若不提供移动应用程序将很有可能会被数字出版业淘汰。成熟、完善、合理的数字体验平台，丰富、多样的移动应用程序会给数字出版带来可持续性的发展。

四、英国数字出版的发展现状

（一）传统出版仍然强劲

伴随着碎片化的新技术的发展、传统出版模式的转变、学术机构采购方式的变革、开放获取和慕课平台的日益普及等，英国传统出版业面临的挑战更为严峻。但随着英国电子书的增长趋缓，英国纸质书业在丧失信心多年后重新找回了自信。英国书业重拾自信的主要原因是电子书销售放缓，实体书店回暖。电子书增长放缓意味着广大出版商已经基本上找到了哪类书用哪种方式出版最为恰当的规律。在以电子书为代表的数字化领域中，小说领域发展最好，尤其是在爱情、科幻和奇幻等类型领域；而在纸质书方面，非小说和儿童读物领域发展最好。过去几年儿童读物的纸质书销量一直在增长，并达到了一个新的水平。

（二）报纸数字化转型较成功

英国是老牌的报业大国，英国的报业主要由三部分组成：全国报纸、地方报纸、免费报纸。受到金融危机和数字化技术的冲击后，英国报业积极开展转型，整体比较成功。

首先，英国报业注重在传统出版载体与新载体之间建立联系，增强新旧载体的互动。比如，他们会在纸质报纸末尾附上相关的网络连接或者二维码等，以为用户提供数字阅读服务，拓展报纸文章的内容，提高内容的接受程度。而数字出版内容也会拓展线下服务，如向读者寄送邮件、明信片等。这种兼顾线上和线下的出版方式，不仅能使读者从实体出版平稳过渡到数字出版，还能最大限度地拓展用户数量，促进用户订阅量的提升。

其次，通过对数字化内容收费来增加经济收入。默多克旗下属于新闻国际集团的《金融时报》是阅读收费的领军者，它从 2002 年开始向读者收费，是全世界总访问量最高的网站之一，如果想要全年无限次访问，需要缴纳相应年费。

最后，地方报业数字化。数字化转型为饱受金融危机和数字化技术冲击的地方报纸带来了新的生机，这些地方报业都逐渐建立起自己的网站，提供数字阅读服务，同时也增加了相应的收费项目。英国大型报业集团约翰斯顿出版公司从 2010 年开始限制旗下 6 个新闻网站的免费服务内容，要求网民开始为阅读网站内容等功能付费。[①]

（三）注重数字出版人才培养

英国出版业十分注重人才的培养，其出版学教育体系十分完善，人才培养的效果也十分显著。英国是世界上最早设置出版学学位的国家，数字出版专业在英国是热门专业，专业性和应用性都有极高的要求，比如英国伦敦大学关于此专业的培养目标是"让学生完全了解现代出版工作的工作流程，给予他们有关方面的知识、信心以及在出版行业中迅速成长的能力"。[②]英国爱丁堡龙比亚大学的数字出版研究生项目被评为苏格兰地区学生就业满意度最高的一个项目，是注重培养数字出版人才的典型代表。

总结分析英国的数字出版教育，可以发现以下特征。

第一，师资力量雄厚，注重行业实际操作。学校聘请的教师大多有着丰富的工作经验，他们或是曾经的出版人，或是经验丰富的出版商，他们懂得什么样的人才能够适应时代需求与行业需求，他们的教学风格也更加务实。而且，即使他

① 余林：《数字出版产业导论》，武汉大学出版社，2022，第26页。

② 董鑫：《中英高校数字出版人才培养现状比较研究：以北京印刷学院和英国爱丁堡龙比亚大学为例》，硕士学位论文，北京印刷学院，2014，第23页。

们已经不在业内工作，却仍有许多宝贵的人脉资源，可能会获得许多参与业内活动的机会，这些活动对学生积累实践经验、拓宽视野起到积极作用。

第二，课程紧跟前沿、涉及广泛、不乏味。在课程设置上，淡化历史色彩和理论色彩，比如加拿大多伦多大学比较注重理论教育，但学生们往往感觉枯燥、乏味，不利于培养学生的学习兴趣，而英国高校的数字出版教育多以前沿动态、市场需求为导向，淡化了枯燥的理论，不仅培养了学生的学习兴趣，也培养了学生的市场意识。课程内容涵盖出版实务、管理、版权、著作权法、合同与分销等方面的内容，广泛而全面，有助于让学生全面掌握关于数字出版的各种知识。

第三，授课形式灵活多样。以人为本、注重互动是在教学中学生和老师最看重的一点，学生可以根据老师的讲解吸收知识，老师可以根据学生的反馈调整授课内容，课堂气氛轻松、活泼，学生在学习专业知识的同时也培养了个人技能，比如沟通交流能力、合作能力、判断能力、参与能力，在现代的教学方法中学生可以不断探索数字出版的各种知识。英国师生间的线上互动十分活跃，学校和教师会通过邮件等形式将一些重要信息发送给学生，包括课件、课外读物等，学生也会基于这些阅读材料进行提问和反馈。

第四，实习机会丰富。英国高校与出版企业长期保持良好的合作关系，因此能够为学生提供大量的实习机会，学生在学习期间通过实习实践，能够加深对理论知识的理解，毕业之后也能对就业形势有更深刻的认识。

第三节　新时代数字出版的发展趋势分析

一、新时代数字出版的发展特点

新媒体时代，移动互联网快速发展，移动技术逐渐成熟，大众阅读方式逐渐向碎片化、场景化、多样化过渡，出版业务领域不断向按需化、定制化延伸，信息获取的场景不再受技术、受众、时空等因素的限制，数字出版将进一步彰显移动化、全息化、集群化、平台化、个性化、智能化的发展趋势。

（一）移动化

2023 年 7 月，法新社刊登报道《报告显示：全球社交网络用户近 50 亿》，其中提到当前有 48.8 亿人活跃在社交网络上，占世界总人口的 60.6%。社交网络用户的不断增加，显示出网络正成为生活密不可分的部分，用户可以随时随地、及时阅读网络文章，更好地利用碎片化时间，碎片化的时间也终将获得越来越正统的地位，成为人类阅读体验中不可分割的一部分。

碎片与整体是相对的。过去，报纸上刊登的常常是一篇完整的、有清晰来龙去脉的文章，此时的用户也基本上有足够的时间进行全文阅读和深度思考；现在，工业化生产加速了社会的进程，在凡事讲求速度的时代下，人们似乎被卷入了高速旋转的齿轮，大段的休闲时间正在慢慢减少，能够阅读长篇文章的时间正在被挤压，而更多的、被切割成碎片的时间成为时间的存在常态。为了适应时间存在模式的变化以及满足人们对信息的需求，碎片化的阅读应运而生，数字出版业的碎片化发展方向由此确定。而且，从社会发展的脚步来看，碎片化的趋势还会更加显著，因此，未来，数字出版业会日益朝向碎片化发展。利用碎片化的时间进行数字阅读，能够提高效率，节省时间，还会给予用户掌控信息的满足感。

（二）全息化

三维全息投影技术是全息化的典型代表技术，它是利用干涉和衍射原理，记录并再现物体真实三维图像的技术，人们无须佩戴 3D 眼镜就能看到立体虚拟场景。在 21 世纪之前，全息投影技术主要应用于科技和军事领域，如宇航员的模拟训练和飞行员的模拟飞行等。随着技术的不断进步，该技术开始应用于一些大型文艺演出、产品展示、电影院等场合。这说明全息化技术已经离普通人很近了。可以想见，等到技术再次升级、广泛普及过后，用户在手机客户端安装相关软件从而获取三维全息投影形式的数字出版物也并非不可能实现。

依托互联网技术的便捷和高效，数字出版物逐渐走进人们的视野并深刻影响人们的生活，成为参与人们阅读活动的主要产品。各种移动终端的开发使数字出版更加灵活多变，然而一系列问题也随之出现。一方面，由于网页技术的限制，电子图书往往通过显示屏展示图书内容，与传统图书相比缺乏真实感；另一方面，二维平面画面使数字出版成为时髦廉价书的推销市场，不能满足部分人追求高品质图书的需求。数字出版要进一步发展，需要产出更有新意、更具便捷舒适体验的图书。

在这种背景下，应用三维全息投影技术的数字出版物能满足读者的多样化需求。三维全息投影技术能够调动起用户的多维感官，使阅读体验更加生动鲜活。另外，该技术还能满足用户的交互需求、创造需求。全息化使内容不再是一串孤零零的文字，而是一个个信息触点，通过信息抓取与聚合技术，相关联的内容能够实现有机整合，360°地呈现在读者眼前，阅读从线性变得立体，从单调变得丰富。另外，内容脱离了纸质载体的束缚，不再局限于文字、图片等简单的表述形式。同一载体上，用户可以获得文字、图片、视频、音频、动画等多种媒体形态的阅享文，阅读变得更生动、更形象。以虚拟技术在数字出版业的应用为例，一本普通的美术书，仅凭文字描述与图片呈现可能无法让读者有更加深刻的体验，然而，在使用了 VR、AR、MR 等虚拟技术过后，风景能够从二维变成三维，从静止变为动态，从单个视角变为多个视角。也就是说，同一幅画，经过技术处理过后，当读者再次翻阅，呈现在眼中的将会是光与影的动态映射。这样的表现能够更加接近真实的场景，从而引发读者对阅读内容更深层次的理解和感悟。

数字出版的全息化特点让出版物拥有更多样的感知交互手段，成为用户和出版内容之间的一座桥梁，增强了视觉的层次感，它让用户不只停留在视觉本体，更能进入第二层的视觉想象，甚至是第三层的出版者意志和第四层的文化映像中，实现场景时代下用户与出版物的交互感知体验。这种极具吸引力的新型出版物激发了用户无限的想象，提高了用户对出版物的理解和使用黏性，升级了阅读体验。

（三）集群化

迈克尔·波特在《国家竞争优势》一书中首先提出了"产业集群"一词。所谓产业集群，是指在某个特定产业中相互关联的、在地理位置上相对集中的若干企业和机构的集合。产业集群具有群体竞争的集中优势和集聚发展的规模效益，其最重要的特点之一是地理集中性，同一产业相关的企业群聚在一起，相互竞争与协作对提高产业的整体竞争力有很强的促进作用。

产业集群化之所以能提高产业的竞争力，是因为产业集群具有共生性、互动性和柔韧性三大特性。共生性是指产业集群内众多的企业在产业上具有关联性，能共享诸多产业要素，包括专业人才、市场、技术和信息等，一些互补产业则可以产生共生效应，集群内的企业因此获得规模经济和外部经济的双重效益；互动性是指产业集群内的企业既有竞争又有合作，既有分工又有协作，彼此间形成一种互动性的关联，由这种互动形成的竞争压力、潜在压力有利于集群内企业产生持续的创新动力，并由此带来一系列的产品创新，促进产业升级的加快；柔韧性则是指产业集群内自发形成的经济资源与企业效益的良性运作，能够增强集群适应外界变化的能力，使产业集群具有一般经济形态不可比拟的柔韧性，造就产业集群持续繁荣不衰的优势。

产业集群化的优势同样吸引了数字出版业的关注，成为政府和业界推动数字出版积极发展的有力抓手。我国出版业的集群趋势从某种程度上来说始于 2008 年，上海张江国家数字出版基地经国家新闻出版总署批复挂牌以来，重庆北部新区、浙江杭州、湖南中南、湖北华中、广东广州、天津空港、陕西西安、江苏南京国家数字出版基地陆续获批。[①]这些数字出版基地有的在引进知名企业、实施重大项目、研发重大技术、开发重点产品等方面进行了大量的开拓性工作，初步形成了数字出版产业集群化发展的新模式，实现了数字出版产业的集群化发展和集约化经营。《2020 年新闻出版产业分析报告》显示，2020 年全国共有国家出版产业基地（园区）共 24 家，其中数字出版基地（园区）11 家，印刷包装基地（园区）5 家，音乐产业基地（园区）4 家，网络动漫基地（园区）1 家，出版创意基地（园区）2 家，出版装备基地（园区）1 家，这都是产业集群化的体现。2021 年，出版产业基地（园区）的发展进程进一步加快，其公共服务能力也不断提升。一是基地（园区）公共服务平台效能不断释放。2021 年 5 月 19 日，华中国家数字出版基地举行财税专项服务活动，邀请德勤、安永在内的 7 家会计师事务所参与，梳理 2021 年度滚动执行税费的优惠政策，交流 IPO、新三板等资本市场进入调整机制，发挥数字文化综合服务平台功效，为重要功能性公共服务助力基地（园区）提质增效提供了支撑。二是重要专业展会有力促进了基地（园区）交流展示。2021 年 9 月 10 日，成都市文化广电旅游局、成都市音乐影视产业推进办公室主办了 2021 成都市音乐产业招商推介会，全国各地的 30 余家知名音乐企业、

① 万安伦、吕建生：《数字出版导论》，北京师范大学出版社，2021，第179页。

机构和成都当地 50 余家重点音乐企业参加，为国内重点音乐企业和成都本土企业搭建了良好的交流平台。2021 年 9 月 23 日，第十七届中国国际文化产业博览交易会举行，同时举行了 2021 数字出版高端论坛。广东、山东、北京等 9 个展团充分展示了基地（园区）在培育、孵化、服务数字产业上取得的丰硕成果，8 个国家数字出版基地（园区）组织了优秀企业展示新产品、新技术、新模式。①

产业集群化发展模式对带动区域整体发展具有良好的辐射和示范作用，也是保持全国各地区数字出版产业均衡发展的有效途径。

（四）平台化

对移动互联网时代的数字出版来说，进入以云出版为代表的平台化时代是大势所趋。"云"由一组相互连接且数量众多的计算机组成，这种计算机云是跨企业和跨平台的，任何授权用户都可以从任何一台计算机接入因特网享受云服务，包括文档处理、大规模计算及使用各种应用程序等。云出版优于数字出版的地方在于，它是传统出版发行方式的革命而非数字形式上的变革。云出版基于云计算的数字出版服务平台，其目标是实现整个出版产业的"三无"目标，即无库存、无退货和无欠款。

通过云出版平台，出版社可以对社内资源加密，可以选择发行渠道进行授权、安全分发，渠道运营商可以打通各种渠道的终端应用，方便获取出版单位授权的资源进行运营，一切流程通过云出版服务平台进行，渠道的销售数据随时反映在平台上，出版单位可以随时掌握，甚至连读者的查询、点击、购买等行为，出版单位也可以通过云出版平台了解掌握。同时，对出版产业达成合作联盟、统一行业标准、完善产业链分工、高效利用资源，平台能够提供更好和更便捷的服务，起到直接的推动作用。

平台化的云出版使出版行业和终端用户获益良多，为出版行业提供了强大的信息获取和数据处理、存储、分析能力。同时，用户也能够随时随地通过各种终端设备获取个性化服务、处理个人事务以及进行信息存储等工作，并可实现协同计算的需求。随着全球数字化高潮的到来，出版行业对云出版平台的需求也在不断增加，云出版平台的建设也势必会加速推进。在这个过程中，各国在人才、客

① 崔海教：《2021—2022 中国数字出版产业年度报告》，中国书籍出版社，2022，第 237 页。

户、数据等方面的竞争也会加剧，进而导致云计算技术及云平台建设上的不均衡。在这种情况下，我国要加快制定相关法律法规和行业合作制度，保护数据和平台安全，加强我们的云出版平台内外部环境建设，推动其稳定快速发展，使我国的数字出版能够走在世界前列。

（五）智能化

如果从内容和形式的角度来看待出版这项人类活动的话，任何出版物只是人类智慧、人类文明的载体。因此，可以说一部出版史就是一部人类的文明史和文化史。广义上的出版，或者说本质意义上的出版，其实就是对人类知识信息的收集、挖掘、整理、编选、校勘、把关、传播、传承的过程。因此，出版的研究主要关注四大维度：出版载体、出版符号、出版技术、出版活动及成就（包括出版家、出版社、出版物、出版思想、出版制度等）。数字出版是出版载体和出版技术两大维度的集成创新。从出版载体的角度来看，数字出版承载的是新时代的人类智慧结晶，相比以往更加超前和先进；数字载体本身的形态也越来越智能化，比如成为手机终端、成为可穿戴设备。从出版技术的角度来看，出版技术的智能化进步是有目共睹的，就从信息维度的角度来说，以前的出版技术只能够支持文字阅读，现在却能够支持文字、音视频等阅读。因此，总的来看，出版技术越来越明白人类所需，越来越智能了，智能化亦是其未来的发展趋势之一。

技术的发展脚步从未停止，如今智能的数字出版能够揣摩用户心理从而进行信息推送，能够贴合用户实际呈现出多模态的信息内容，未来智能的数字出版可能会更加"想人类之所想，感人类之所感"，进化到"大脑意识出版"阶段，即由大脑进行出版控制，用意识发送文字内容、进行阅读，大脑意识既是出版的载体又成为出版的内容。关于"大脑意识出版"的发展趋势，后面还会详细展开。

（六）个性化

个性化的发展动力源于互联网时代信息的爆炸性增长与人们面对信息海洋不知如何选择的矛盾。借助大数据分析技术，分析出用户的信息偏好和潜在的信息需求，从而进行个性化的信息分发和智能匹配，能够很好地缓解这个矛盾。数字出版业的个性化发展趋势中有一个较为专业化的词语，即"按需出版"，也就是按照用户的需求来出版相关内容，相当于为用户打造独一份的"个人日报"。著名传播学者桑斯坦曾在其著作《网络共和国》中提到"个人日报"现象，即一份完全为用户量身定做的杂志或报纸。桑斯坦接着提出了"信息茧房"概念，即当用户长期接触具有个人喜好偏向性的事物，待在自己的信息圈子内，就会在无形之中为自己构建一个禁锢自己思想与见识的"茧"，长此以往，其价值观、生活方式就会呈现出一种固定化、程序化的倾向。

个性化的按需出版与"个人日报"具有相似之处，这也意味着其可能存在形成"信息茧房"的隐患。因此，推动按需出版朝着积极健康的方向发展，还须注意"信息茧房"的问题。后文还将继续围绕按需出版展开详细论述。

二、新时代数字出版的发展形态

在数字出版新技术快速发展的全新时期，移动出版、按需出版作为数字出版市场全新的、灵活的出版形态和出版生产力应运而生，它们已成为数字出版时代的新走向；同时智能化技术不断发展、硬件逐渐成熟，人工智能出版和大脑意识出版的出版方式亦将成为新的数字出版形态，成为数字出版走向更远的未来的强劲动力。

（一）移动出版

如今的数字出版依托手机等移动客户端，已经在某种程度上实现了移动出版。随着科技的进步以及人们阅读需求的变化，移动出版在未来还会有新的发展趋势和特点。

1.移动出版的发展现状及趋势

移动出版是指以手机、平板电脑、电子阅读终端等媒介为载体，以移动通信设备为基础，进行出版内容的选题策划、编辑发布、宣传营销以及售后服务的新型出版形态。移动出版兴起的时代，正是新媒体迅速崛起、大众阅读方式向数字化过渡的时代。移动技术逐渐成熟，出版业务不断向数字化领域延伸。移动出版使数字内容资源突破了用户数量、支付限制两大发展瓶颈，解决了用户基础不足、支付功能不健全的难题，对出版形态和阅读方式产生了深刻影响。

从 2009 年的中国"3G 元年"，到 2014 年的"4G 元年"，到 2019 年的"5G 元年"，再到 2023 年 9 月，由中关村泛联移动通信技术创新应用研究院与无线移动通信全国重点实验室等机构联合举办 6G 协同创新研讨会，移动通信技术的不断进步让人们的各项生产生活都"移动"了起来，其中就包括移动阅读和移动出版。在移动通信技术的支撑下，用户可以实现随时随地发布、上传自己创作的内容，也可以实现随时随地接收各种各样的信息，进行各种阅读，这些活动背后运作的就是移动出版。

著名传播学者麦克卢汉曾说："我们盯着后视镜看现在，倒退着走向未来。"① 在新的技术真正进入人们生活之前，几乎没有人能够完全准确地预测到技术将会给人类带来什么。如今人类正在走向 6G 时代，尽管基于 5G 技术的移动出版现状并不能清晰地描绘出未来数字出版的具体情况，但是，可以肯定的是，依托移动通信技术，数字出版的移动化趋势将一直持续下去，并且会更加深刻地影响人们的日常生活。

2. 移动出版的发展前景

移动出版的发展前景如下。

第一，移动阅读带动移动出版。从国内外移动出版的发展现状来看，它作为新出现的出版形式，覆盖率高，便捷性强，随着移动碎片化、场景化、个性化、交互化水平的提升，用户的阅读行为逐渐转向移动互联网，其中以移动阅读为代表，人均阅读时长增加，阅读总时长逐年增长，我国的出版单位也抓住这一机遇，顺应互联网的发展潮流，根据不同用户的需求，开发出适合移动阅读用户的多元场景数字阅读产品，并使移动阅读呈现出集团化发展的倾向。例如，腾讯阅读和盛大文学联合成立的阅文集团，以文学作品为核心，统一管理和运营，致力于构建移动阅读市场的新蓝图；此外，还有阿里巴巴移动事业群推出的阿里巴巴文学；掌阅文学推出的掌阅电纸书硬件产品；等等。

在众多移动阅读中，诉诸听觉的有声阅读近年来十分活跃。有声阅读解放了双手、解放了眼睛，能够使用户在从事一些机械化工作时进行"阅读"，在走路、运动时照样能汲取相关知识，是更加符合移动需求的阅读类型。有声阅读也成为数字出版的一大发展力量，有很好的发展前景。就目前来看，已经有多种具有听书功能的移动应用程序，如喜马拉雅、懒人听书、酷我听书等。有声移动阅

---

① 肖峰：《科学技术哲学探新·学派篇》，华南理工大学出版社，2021，第57页。

读迎合了人们碎片化、交互化、多元化、多场景的收听需求，有声移动端的用户数量亦呈现爆炸式增长，有声阅读犹如一匹黑马，互联网如火如荼的发展为其保驾护航，使其展现出更多潜能。

第二，知识产权运营推动移动出版产业深度融合。成功的知识产权可以在出版、影视、游戏、动漫等多个不同的媒介形式中转换。在现代知识产权制度下，以优质内容为基础进行全版权运作、开发衍生品及专利产品、注册商标开展品牌化运营，是出版传媒企业实现内容价值最大化的主要手段。[①]一些成功的国际出版集团，他们的出版业务营收只占30%或者更少，但以出版为平台或媒介衍生的知识产权产业链盈利能力惊人。

知识产权初期的火爆源于网络小说与影视创作的合作，成功的案例有《知否知否应是绿肥红瘦》等，这些影视作品的热播，极大地带动了优质出版内容的挖掘和运用。2015年，掌阅进军移动阅读领域，成立掌阅文学集团后，开始以打造精品知识产权为宗旨，深度挖掘知识产权价值，在出版、影视、游戏、动漫、有声等泛娱乐方面进行生态布局，与多家公司进行了签约授权，加强知识产权建设，打造知识产权生态，在知识产权衍生内容上进行更长远的布局，并为移动出版提供了大量可呈现的内容。借助开发知识产权的力量，移动出版不只涉及移动阅读，还涉及移动音视频等领域。

第三，场景化的移动出版趋势。移动出版时代，信息获取的场景不再受时空的限制，但信息获取的内容却渐渐与读者所处的场景发生关联。未来的移动出版，将会通过大数据、物联网等技术，在分析用户所处的场景信息的基础上，为用户提供更适合该场景的阅读内容，从而提高用户阅读的效率，提高数字出版的有效性。

第四，沉浸式的移动出版趋势。如今以虚拟现实和增强现实技术为代表的数字技术，正在尝试开发与出版资源相关的影像资源和相应的移动应用，使读者通过手机客户端就能进行内容视听，或是进行虚拟感知交互操作，为用户提供更加直观且深刻的阅读体验。图文并茂只是对移动阅读产品的初级要求，全媒体表现形式与场景恰到好处的融合、能为读者带来沉浸式与包围式的阅读感受，才是移动出版的发展方向。

---

① 余林：《数字出版产业导论》，武汉大学出版社，2022，第109页。

以 AR 技术为例。AR 技术本质上是将通过电脑技术生成的虚拟物体、场景等信息叠加到现实影像中的图像技术，将真实的环境空间和虚拟的物体影像"无缝"集成，并且将这两种信息相互补充与叠加，生成一种逼真的、调动视、听、力、触等感知的虚拟环境，该技术主要应用于历史文物保护和再现、艺术展览、出版阅读等领域。通过这项技术，用户在移动阅读时可用移动设备在现有的物理空间中重现历史场景、还原物品原貌，比如在博物馆中，传统的观看体验仅限于观看橱窗里的展品，但利用 AR 技术，参观者就可以看到更多的信息，包括关于该物品的使用方式、制作工艺等的视频讲解和真人模拟等，使参观者更加深刻、全面地认识眼前的事物。

多维度的数字虚拟图像拥有更加丰富的形式和通用的感知交互手段，有效地链接起了现实世界的人和虚拟世界的物，人们以眼前的视觉信息为引子，往往能够在虚拟影像的引导下进行更加遥远的想象、获得更加深刻的感受，从而实现文化意义上的交融。所以新时代的全媒体移动出版是以场景为轴心，将内容、用户放置在同一个场景中，实现交互感知体验的过程。

第五，聚焦移动出版内容，深耕优质原创作品。独家、原创的精品内容永远是出版物的核心，精品才能打造出品牌，原创的优质内容才能一直有市场。挖掘多元内容、创新内容设计、丰富内容形式门类是内容变革的重要环节，拿如今火爆的公众号来说，其之所以能够实现高阅读量、高点赞量和高关注度，就是因为内容原创性高、个性极强，贴合受众生活，能准确抓住用户心理。因此，移动出版的根本还是在于出版内容的运作，内容是核心价值，只有时刻进行内容创新，才不容易被替代，才能获得用户的欢迎。

继 2015 年网络原创作品大热后，数字出版业需要继续挖掘网络原创作品的深度价值，深耕细作，培育优质网络原创作品，通过多种方式进行网络原创作品孵化，打造品牌。在不久的将来，各方企业要继续以知识产权为核心，提供更广阔的衍生产品选择范围，通过更深层次的挖掘和开发，创造高附加值产品，推动移动出版的继续发展。

另外，如果变现方式单一，出版制作方很容易被资本市场的要求所限制，所以丰富变现方式也是一种化被动为主动的更负责的行为，比如植入广告，制作一些服务于广告主客户的独家定制，或是在销售环节与其他战略合作伙伴联手实现交叉营销推广，运用多种变现模式，形成移动出版发展的动态未来。

第六，加强版权保护，构建完整移动出版产业链。前文在论述国内数字出版的优化路径时，已经提到过版权保护问题。对移动出版来说，版权保护问题更加迫切。这是因为移动出版的便捷性大大提高，随意的复制粘贴都可能造成对原作品的一种侵权危害，盗版作品不仅传播速度快，且隐蔽难查，很多违规出版内容甚至打法律的"擦边球"。因此，未来移动出版的健康发展必须要在版权保护上加大力度。

版权保护技术在移动出版时代的发展，需要依赖权威部门健全我国著作权集体管理体制，保护著作者的合法权益，加大版权保护力度，完善盗版审查监管机制，革新加密关键技术，加强行业认同和技术保障，对移动出版作品的查看、修改权限进行明确规定，对相关内容进行加密保护，防止文章被不合理复制，尤其是手机端应该落实截图限制等措施。同时，进一步丰富监察手段，提高出版商的权利意识和责任意识，提升出版商的业务能力和出版队伍的业务水平。

版权保护是一个环环相扣的过程，在版权保护的视域下，移动出版业还需要确定并建立移动出版产业链的组织架构和管理制度，并制定相应的战略体系来指导产业链的重构和运转。同时要在以数字版权保护技术为基础的商业模式上达成一致，构造完整的出版产业链，真正形成"内容＋通道＋终端"的移动出版产业链，在每一个环节上分工明确，加强各环节关联性，整合并加固传统出版松散的结构，缩短衔接时间，保证产业链的有效运行，最终保证数字出版的各个环节都没有可供"盗版"滋生的土壤。

第七，优化传播方式。在移动出版时代，虽然大部分企业都开通了微信公众平台，有一些还开设了应用软件客户端，但是其推送的内容大都流于表面、单向发布，缺乏有效传播的深度互动内容；移动平台运营者容易脱离读者，缺乏创造力、人文关怀以及和用户进行深层交流的能力。优秀的运营者应该抓住新媒体平台这一有利媒介，培养受众的互动需求和表达欲望，优化传播方式，选择合适的推送频率，改进版面设计，脱离死板，力求活泼，同时增加线上、线下与受众的互动，如开展线上咨询、线上投票、线上抽奖，或是线下培训、线下沙龙、线下招聘等，履行为受众服务的综合职能。

（二）按需出版

1. 按需出版的发展现状及趋势

如前所述，按需出版的发展动力在于海量信息与用户选择困难之间的矛盾。在各种信息文化内容高度发达的当代社会，伴随着数字网络技术的冲击，读者对信息文化的个性化需求越来越凸显，并呈现碎片化趋势。传统出版模式下生产的出版物在这方面表现得"心有余而力不足"。为防止传统出版物过量的库存积压，纸媒图书的单批次出版数量越来越少，传统出版业逐渐进入瓶颈期。此时一种基于个性化信息服务的新型出版方式——按需出版应运而生。按需出版可以做到"一册起印，即需即印"，省去了中间环节，节省了人力物力，减少了资源浪费，所以它也被称为"绿色出版"，其印刷速度快、零库存，能够更加精确地满足读者的个性化需求。

2011 年，北京京师印务有限公司开始尝试对出版流程进行转型再造。翌年，北京师范大学出版社（集团）有限公司与北京北大方正电子有限公司联手合作，共同组建数字化印刷示范基地，为北京京师印务有限公司的按需出版发展奠定了良好的技术基础，实现了节约化、环保化、智能化、自动化发展目标。北京师范大学出版集团结合降低图书库存压力和进一步推进图书出版方式转型的要求积极调整，目前集团内部短版、常销等适用于按需印刷方式的图书均已采用数字印刷。

2015 年 2 月 10 日，中国新闻出版研究院与北人集团公司签署战略合作协议，双方在按需印刷出版领域开展深入交流、合作，有力促进了按需出版产业的转型升级。

2020 年 12 月 18 日，由北京北大方正电子有限公司承办的 2020 鸿雁 POD 联盟年会在北京举行，中宣部印刷发行局印刷复制处处长路洲、中国书刊发行业协会理事长艾立民等 300 多人出席年会。此次年会以"从技术到服务构建按需出版新模式"为主题，通过对话与分享，共同解构并探讨按需出版、按需印刷在当前国内的深度发展路径，推动产业实现深层次变革，为出版印刷业的高质量发展提供新动能、新引擎。[①] 从总体发展历程来看，按需出版将成为未来数字出版业的新常态。

按需出版目前有两种类型。第一种类型是面向读者的按需出版，是指基于按

---

① 今日印刷：《乘风奋斗正当时，共商按需出版新模式》，https://www.sohu.com/a/439601683_710871，访问日期：2022年10月14日。

需印刷技术，根据客户在时间、数量、质量上的个性化需求和喜好，以数字化的形式编辑和加工出版物，利用数字印刷机及时印刷并装订成册，向读者传播正式出版物的出版过程，这是一种以数字化方式传播的高度个性化的定制服务。第二种类型是面向作者的自助出版，是指自助出版商通过自助出版平台为作者提供个性化出书服务，然后发售出版物的出版过程，最终出版物形态可以是纸质图书，也可以是电子书。

按需出版的出现一定程度上解决了传统出版业长期存在的短版书、断版书、专业书、学术书的出版难题，并且具有印刷速度快、零库存、满足读者个性化需求等优点。按需出版是未来出版的全新模式，其突破了传统模式的印数限制，真正做到"一册起印，即需即印"，大大节省了人力物力。"定制化"出版是出版个性化的一种高级形式。对出版流程而言，这种形式省去了繁琐的中间环节，提高了出版效率。传统出版物出版发行需要经过申报选题、审批选题、签订出版合同审批、申请书号、提交原稿及电子文本、编辑加工、排版、出片、印刷、发行等众多步骤。而按需出版采用先进的技术，将出版信息存储在按需出版内容管理网络系统中，获取订单后直接按需印刷成书，真正实现"绿色出版"。

从经济效益上来讲，按需出版也是数字出版未来必然的发展趋势。因为大数据时代，许多在传统出版时代不能被满足的阅读喜好都能够被满足，由此，各种阅读喜好的存在使读者群出现了分化，从而使数字出版业的经营走向了长尾模式，长尾效应逐渐显现。也就是说，那些不同种类的小众读者贡献出的经济效益其实是高于大众读者贡献出的经济效益的，因此，数字出版业在经济效益的衡量上就会同样十分重视小众化、个性化的出版策略。

数字出版业的按需出版能够带来不少好处，如提高阅读效率、减少接收垃圾信息的时间，但是，这样个性化的阅读也可能会窄化读者的视野和认知，从而弱化其对整体世界的感知。另外，个性化的浅阅读也可能使读者逐渐变得喜欢追求方便快捷、浅显通俗、轻松娱乐的阅读效果，长此以往，将会造成读者深度阅读能力的滑坡和部分思想文化的失落。因此，如何把握"按需"的尺度，是按需出版发展必须思考和克服的难题。

2. 按需出版的发展前景

尽管按需出版能够给数字出版带来很大的便利，然而，在实际应用中，按需出版的发展也受到一定的阻碍。这主要是由于按需出版设备的购置费用高、印刷成本高，而且投资风险大，最后的收益却不稳定。多品种、少印数的需求为按需出版产业带来的大多是一些碎片化订单，消耗了出版社较多的人力、物力、财力而收益却不明显。同时，按需出版获得的政策支持力度不够，出版体制不健全，管理模式也并不完善，缺乏一个统一的资源数据管理平台。由于出版资源不稳定且分散、技术不成熟等，按需出版各个节点无法直接进行有效对接，从而降低了按需出版的效率和效果。

综合分析按需出版的优势以及现存的弊端，新时代按需出版要持续发展，需要做好以下几个方面的工作。

第一，提高技术水平，建立按需出版资源平台。在技术方面，数字出版业应着力构建规范、完善的出版资源平台和系统、完整的数字化资源库，提升技术水平。与此同时，研究设计数字化资源的存储格式，建立或选择相应的元数据标准、分类标准、加工标准、排版文件与封面文件交付标准、质量标准、存储标准、结构化标准、数据架构标准和资源管理标准等，以规范数字化的加工过程。另外，应编制资源工具，认真监管审查、验收流程，梳理、总结数据资源，创新按需出版全流程业务模式，实现数据资源的自由流动和信息共享，实现读者、作者、中间商、出版商、发行商、物流机构等各个节点的有效对接，通过规范、完善的出版资源平台和系统、完整的数字化资源整合实现优势互补，提高按需出版的效率和印刷质量。

第二，完善法律法规，打造按需出版产业链。在政策支持方面，国家出版相关部门应认清按需出版的国际化发展形势和利好趋势，制定并出台财税、版权保护、数据安全、行业管理等方面的政策制度，加大政策支持力度，尤其要完善版权保护法，建立完整的版权保护认证体系，规范数字著作权管理制度，严厉打击盗版市场。对已经获得相应发展成果的有关企业实行表扬、奖励，并将其成功经验进行总结、推广，从而吸引更多国有、民营企业的资本进入按需出版领域。此外，还可以打造按需出版和传统出版相结合的综合型产业链条。

第三，内容和定价两手抓，开拓按需出版市场。在内容生产方面，将个性化、定制化更深入推进，准确掌握读者需求，细分主题，革新出版内容，注重内容的个性品位、质量风格，打造精品，创立品牌，提升品牌影响力和知名度。目前定制化的按需出版图书价格仍较高，会导致一些受众流失。因此，数字出版业应当优化制作流程，降低生产成本，从而制定合理价格，让更多的读者被按需出版吸引，实现读者和出版商的双赢。不过，需要注意的是，相比其他的产业，出版业与社会文化的关系更加紧密，因此也应该承担起更大的社会责任。在"按需"时不能一味地迎合读者，而应该适当地调整推送内容，将一些必要的社会热点、法律法规、政策等呈现在读者面前，从而使读者拥有对世界的完整认知，也有利于社会的整合。

另外，作为按需出版的新形态，"自出版"也会在新时代持续为数字出版业的发展作出贡献。"自出版"也称"自助出版"，是指在没有正式出版商参与的情况下，由作者自己出版图书或媒体产品的出版活动形式。换句话说，自出版是由作者掌控出版的全流程。以图书产品为例，包括封扉设计、版式设计、定价、发行、营销和公关等，作者既可以亲力亲为，也可以将全部或部分工作外包给开展相关服务的公司。"自出版"是近些年出版界出现的新概念，是对出版实践活动中一种新现象的界定和判断，属于按需出版的一种独特形式，是数字出版发展的一种新形态。

自出版中"自"的内涵可以进一步分解为自创作品、自持版权、自筹资金、自主经营、自担风险、自享收益。其实质内涵是强调作者在出版流程中的地位。作者取代了传统出版商的职能，使同一个主体贯通了创作和出版两个环节，并且这一职能替代了产业链重组过程中出版商的独立地位。不过，目前学术界对"自出版"概念的界定也存在模糊不清的情况，并没有一个清晰明确的定义，而且不同的国家对"自出版"还有不同的理解，如中国的自出版概念更加偏重于"自助"，美国的自出版更加注重"自主"。不过，无论是"自主"还是"自助"，随着数字出版技术和网络出版技术的快速发展，自出版已经成为一种新的出版形态，值得研究和重视。

（三）人工智能出版

1. 人工智能出版的发展现状及趋势

人工智能，又被称为"机器智能"，是计算机科学、信息科学、数学科学、工程技术、控制论、神经生理学、心理学等多种学科互相交叉渗透而发展起来的一门综合性学科。其根本原理是通过计算机模拟人类的思维方法和处事模式，再现人类智能活动的能力。人工智能是计算机技术系统的一个非常先进的分支，该技术的应用能代替更多的人力操作，把信息技术转化为高效生产力。

人工智能的发展始于 20 世纪五六十年代，对人类来说，这已经是一个历史性课题，然而，从当下其迅猛的发展势头来看，它将持续成为影响人类社会发展的重要力量。1956 年，达特茅斯学院会议正式将人工智能确立为一个学科，它的发展经历了多次起落。1970 年，人工智能的研究遭遇批评和抵制，被众多批评者认为是反人类、违背人类生存原则的行为，与此同时，政府等投资方资金支持骤减。1980—1987 年，人工智能突破重围，重新迎来了一个发展的高潮，日本首先投重金研发机器人。受到日本政府的影响，美国政府和企业再次在 AI 领域投入数十亿美元的研究经费，但由于研究人员低估了人工智能研发的难度，进展有限，这些投资在 20 世纪 80 年代末再次受到质疑，到 20 世纪 90 年代，人工智能的发展再陷低谷。20 世纪末，由国际商业机器公司投资的一台超级国际象棋电脑"深蓝"战胜了国际象棋世界冠军卡斯帕罗夫。此后，人们既兴奋于人工智能的强大，又担忧人工智能未来会对人类产生威胁，两种情绪反复交织，但实际的研究脚步已经呈现出不可阻挡的趋势。2016 年是人工智能议题被讨论得如火如荼的一年，在这一年，人工智能的计算能力、学习能力空前提升，大量基于人工智能开发的应用程序投入市场，人工智能也开始广泛渗入人们的日常生活。到 2023 年，人工智能已然成为普通人生活的一部分，号称"史上最强人工智能"的 ChatGPT 博得全球关注并迅速投入使用。ChatGPT 是人工智能技术驱动的自然语言处理工具，它能够基于在预训练阶段所见的模式和统计规律来生成回答，还能根据聊天的上下文进行互动，真正像人类一样聊天交流，甚至能完成撰写邮件、视频脚本、文案、翻译、代码、论文等任务。可以说，现阶段的人工智能在某些领域的智慧程度已经可以赶超人类了。不过，人工智能带来巨大优势的同时，也带来了许多社会问题，如失业问题、加剧盗版问题等。2023 年 1 月，巴黎政治大学就宣布，禁止学校师生使用 ChatGPT 等一切基于人工智能的工具，旨在防止学术欺诈和剽窃。

人工智能广泛地应用于社会方方面面，其中就包括出版。人工智能出版即一种模拟出版工作人员的意识与思维模式，利用计算机程序性功能实现各项出版事务、出版数据处理的技术科学，并且速度更快、内容更精确。该技术拥有与出版人员相似的出版技能和出版思维能力，具备基本的编辑、学习、翻译、交流、管理、处理能力，这也是一种能够令计算机具有出版智能性能的基本方式。

人工智能出版未来的发展趋势主要有两种，一是作为内容生产者，二是作为内容分发者。首先，作为内容生产者方面。1982 年，《人工智能学报》创刊，这是我国首份人工智能学术刊物。2002 年，我国首次出现关于机器人记者的报道，报道中介绍，机器人记者是一个遥控的新闻报道机器。2010 年，华尔街聘请了一个"机器人"来撰写财经新闻并出版发布。2012 年，芝加哥的叙述科学公司开发了一项可以自动生成新闻稿的电脑系统，引发了国内众多媒体的关注。有报道称，这项技术有可能取代甚至消灭"新闻手工艺人"。该系统拥有自动撰写新闻故事的功能，尤其擅长积累高质量的数据，如今已被用于报道部分商业和体育新闻，而且这些文章读起来并不像普通机器生成的内容那般冰冷无趣。2015 年 1 月，苹果公司第一份财报新闻由机器人写作完成。2015 年 9 月，腾讯财经推出新闻写作机器人"Dream writer"，它写出第一篇报道仅用了一分钟。同年 11 月，我国新华社迎来机器人员工"快笔小新"，它是一个基于模板自动生成新闻的写稿机器人，可以写体育赛事、中英文稿件和财经信息稿等短新闻，写作速度快、效果好，得到各方认可。

"机器人记者"实际上是一个写作软件，它能够基于计算机网络中的海量信息模板，经过大数据分析训练，将数据转化为有逻辑的文章。"机器人新闻写作"是机器人基于计算机算法对已有的新闻报道框架、新闻语言进行深度学习之后对新闻线索、数据信息进行解释和推理，快速生成、传输新闻的一种新型新闻生产方式。在传统媒体时代，报刊稿件的编辑加工主要由新闻编辑来完成，需要一系列的流程，因此时效性成了媒体之间竞争的焦点，谁能最先报道某一事件的相关信息，谁就占据了这一事件新闻传播的制高点。如今机器人写新闻采用大数据算法，运算速度快、准确率高，能够很大程度上节省计算资源，提高出稿时效性，降低综合成本，其报道形式也很生动。人工智能出版可以将基于计算机技术以及海量数据进行的可视化、个性化分析运用强大的资源数据库进行有效整合，为用户量身定制报道。其在报道的个性化、交互化、场景化、可视化方面有着无可比拟的优势，在满足用户的个性化信息需求的同时，使冗长的文字变得生动、形象、有趣，提升用户的阅读兴趣。

其次，作为内容分发者方面。在数字出版领域的人工智能，除了扮演内容创作者的角色，还能够扮演内容分发者的角色，它通过数据分析、与用户的沟通和互动，能够形成特定的用户模型，分析出用户的喜好，从而分发特定的阅读内容。这得益于人工智能出版技术的数据分析能力，甚至可以说，人工智能技术的核心就是数据挖掘。拥有这些技能的人工智能出版能够实现受众分析以及出版内容聚合与分发的精准化、智能化、个性化、对象化。人工智能出版首先会在允许的范围内挖掘用户信息，将已有的用户数据（如用户行为、用户特征等）进行分析、处理、沉淀，转化为用户性别、年龄、受教育程度、情感倾向、行为偏好、消费能力等智能数据资产，为用户精准推荐内容，实现个性化的出版定制，产生更多可用结果和实用价值，创造出一种全新的智能化出版产品模式。例如，读者在什么时间、什么地点，看了哪本书的哪几页，甚至停留在每一页的时间长短都可以通过大数据技术准确获得，从而能掌握读者的阅读偏好，实现精准定位、准确投放；或是通过历史数据挖掘，得知书籍销量、受欢迎程度、社会影响力等相关信息并预测书籍未来走向，同时又能通过大数据将优秀出版经验总结、归纳，聚合优质资源，服务于新的读者。

不过，不论人工智能出版是作为内容生产者还是内容分发者，人工智能都更擅长在数据多、模式化的领域运作，尚不能胜任一些深度报道或与人类思想感情有关的报道写作和分发，这也是未来人工智能出版需要突破的地方。具体而言，人工智能出版还存在以下的发展瓶颈。

第一，报道态度不均衡，欠缺人性化和一定的情感表达能力。机器人记者在人为设定的程序之下运行，程序是固定的，因此机器人写作缺乏灵活性，对一些社会中的事件无法进行深入和准确报道。

第二，过于依赖数据源，无深度采访和深度报道能力。互联网技术是基于数字代码发展起来的，如今的机器人写作也更擅长数据的理性分析而非文字的感性分析和深入分析。机器人写作的底层原理是由人为程序的设定决定的，他们本质上是结构化信息的加工者，以撰写数据新闻为专长，常见的工作是将原本的数据替换为新的数据，而不改变设定好的文本模式。但它们过于依赖数据背景下的信息采集，不具备独立进行深度采访热点事件的能力，那些需要深度调查、深度报道的稿件仍需专业记者来完成。

第三，监管漏洞与技术焦虑并存。智能化的高速发展与相对滞后的监管模式存在很大的冲突。智能化带来的信息数据安全问题引起广大人民群众的担忧。同时，数据的渗透在为出版业服务的同时也会削弱其文化性，可能会产生本末倒置的负面效应。过于追求数据的目的性和逻辑性容易让人忽视出版物本身的文化深度和艺术造诣，科技的侵蚀导致人类自身写作能力退化，很难感知新议题，无法培养新的写作兴趣。另外，人工智能出版的发展对传统出版从业者是一种极大的挑战，很多人担心机器人会取代人类的工作导致人类失业，甚至担心这个世界也会被机器人取代，不少学者指出人工智能出版会带来身份认同危机与技术焦虑症。

2. 人工智能出版的发展前景

人工智能出版的发展前景如下。

第一，完善出版技术，加强安全防护。出版技术是一项需要长期学习、积累的综合性技能，如今的人工智能技术还未把人工智能出版提升到一个比较全面的层次，还需要不断进行智能出版技术的开发，完善技术系统的相关程序，主要可以通过两个方面入手。一是运用推理简单易懂、表意明确且符合逻辑的机器表达模式，以节约推理时间，降低智能出版单位的机械成本；二是要丰富、扩充人工智能出版的数据库、知识库，提高人工智能出版自我学习的质量与效率，同时对技术系统进行检查和校准。总的来说，人工智能技术背景下的出版系统不仅要求出版知识深厚，更要求出版技能、出版效率、出版准确度的提升，使人工智能出版技术能够接近人类的出版作业能力，甚至优于人类的出版作业能力。同时，人工智能专家要积极参加国际的有关智能化出版技术的交流与合作，关注国内外出版特点和发展动态，改进技术、突破技术瓶颈、提高技术水平。同时也要关注人类道德伦理准则等问题，以防人工智能出版朝有悖社会伦理道德的方向发展。

与此同时，有关部门要完善相关的智能化出版法律法规，广泛关注国内外研发动向，了解人工智能出版可能引发的各种问题，完善相关法律法规，做好法律防范和惩戒工作；加强人工智能安全监管，采取分层式的管理手段，对网络管理实行分级监测；建立人工智能防盗版及防火墙，加强对数据库的维护，提升数据系统的安全性，保证数据在使用和存储过程中不受影响；提升对入侵计算机的规则进行学习的能力，丰富自身数据库中的入侵模式记录，当出现外来入侵计算机时便可进行有效识别，防止不法分子别有用心地利用人工智能技术进行出版操控、出版成果窃取、侵权等，避免任何损害公众利益、出版安全的事情发生。人工智能技术在检验试用阶段，要保证有一段时间的测试试用期，确认安全后方可进入出版作业流程市场，明确每项技术的程序设计者与成品检测者等，一旦技术出现故障，马上联系相关人员解决，以免影响出版进度。

第二，构建全产业链运作，全方位覆盖人工智能技术。传统出版社虽然有优质内容资源，但也要认识到自身的技术短板，加强与相关技术服务商的合作，相互取长补短，提升人工智能合作融合度，要构建智能出版的全产业链，顺应时代的发展。在智能化出版中，传统出版企业不能沉溺于"内容为王"的固有观念，要构建"内容＋技术＋渠道＋人才"的全产业链，积极把控各个环节，从内容编辑到技术革新、渠道营销、市场推广、人才管控、风险调度等多方面都应给予重视，构建安全、稳固的出版链条，保证智能化出版的和谐稳定发展。需要注意，若只片面关注内容，对市场、科技等大趋势视而不见，将会被技术和市场边缘化。

数字出版分为多个前后连贯的阶段，而人工智能可以深入每一个出版阶段。例如，智能化构思、智能化编辑、智能化排版、智能化校对、智能化印刷、智能化发行等。前期通过大数据技术，综合分析市场现状和受众需求，智能化构思出最合适的出版方案，利用丰富的资源库调取数据信息和精确文本进行各个阶段的稿件编辑；进而通过智能机器结合文章风格选题进行自动排版，调动资源库和校准系统进行文字、语病校对，并自动提出其他优化文章的解决方案，在印刷环节实现智能化、机器化的大批量印刷；在发行宣传方面，精准分析当时的市场现状和受众需求，适时调整方案，最终确立准确的投放地区、投放模式、投放数量，实现综合效益最大化。这种智能化流程大大节约了编辑、排版等环节的人力、物力、财力，真正做到把智能化融入出版的全过程中。

第三，智能化场景适配及延展。人工智能技术可以为受众提供场景化适配，如果采取这样的方法，就不会发生传统媒体、PC端、手机端内容的照搬、时间的错乱，更不会发生诸如将美妆信息推送给老年男性的窘况。场景适配充分运用在受众社交关系等生活的方方面面，能够在很大程度上提升受众的使用满意度。

在受众需求多元化的年代，最有效的营销策略是尽可能多地吸引顾客的注意力，这也被称为"注意力经济"。但是如果能准确把握顾客需求，在不同时间、不同地理位置，在后台实时根据用户需求调整出版物的适用场景，那就能占领智能化出版的高地。人工智能出版还可以结合人机交互技术，进一步和物联网、云计算技术相结合，不断拓展场景化出版空间。与此同时，为了防止"信息茧房"的形成，人工智能出版技术还应该基于某些场景在推送信息时加以延伸，从而丰富用户的认知，为其深度思考提供契机。

第四，打造具有人情味的智能出版机器。随着智能化技术不断发展、硬件逐渐成熟，机器人记者的应用范围将更为广泛，因此，为了更符合人类的阅读需求和情感需求，人工智能出版技术应该不断升级，尽可能做到人性化、有人情味，掌握一定的情感表达能力，同时能熟练进行图像、声音、视频的采集和编辑。未来它甚至可能会具有主观判断能力，能读懂这个世界，读懂人类的感情。不过，正如人工智能的发展离不开人的科学研究一样，人工智能出版也应该体现出技术与人的协同合作。人工智能出版的运用不代表人的缺席，相反，人与技术各自具有优势，只有两者相互配合才能够实现优势互补，打造最高效率、最高质量的数字出版产业。这样不仅依托技术节省了物力和财力，也能在一定程度上缓解数字出版业的失业压力，更能促使传统出版人员转变编辑理念和思维，更多地向纵深方向发展，强化自身在深度报道等方面的优势，培养新的技能。总而言之，在这个智能化时代中，机器人应当与人融合发展，共同进步，成为人类的得力助手，二者相辅相成，让新闻出版作品既有速度，又有深度，还有温度。[1]

（四）大脑意识出版

1. 大脑意识出版的发展现状及趋势

正如前文所述，随着技术的发展，大脑意识出版将可能成为数字出版业的主要形态。在科技发展的背景下，大数据技术的发展为大脑意识出版奠定了良好的基础。当人们掌握了对复杂算法进行有效描述的技能，掌握了从大数据中提取信息的策略，便有机会和条件基于全面、完整、系统的数据，深入探索大脑的工作原理，将脑功能的开发运用到出版领域，从而到达一片新的领域——大脑意识出版。

大脑意识出版是基于脑科学理论，以揭示人脑高级意识功能奥秘为宗旨，与认知科学、教育学、心理学、出版学等跨领域研究的学科交叉渗透，深度开发大

---

[1] 万安伦、吕建生：《数字出版导论》，北京师范大学出版社，2021，第202页。

脑功能并将脑功能应用于出版领域，实现各项出版事务、出版数据处理的技术科学。①大脑意识出版将推动出版进一步深化，超越时空限制，大大提高出版效率，是虚拟出版发展的最高级形态。

人类在探索人工智能出版和大脑意识出版方面做出过巨大努力，从 20 世纪末开始，多个国家陆续开展大脑研究项目，进行脑信息处理机制以及智能的深度探索。1990 年前后，美国、日本先后宣布启动"脑十年计划"和"脑的二十年"研究计划；1999 年，中国启动国家重点基础研究计划"脑功能和脑重大疾病的基础研究"；2012 年，中国科学院启动了中国科学院战略性先导科技专项（B 类）"脑功能联结图谱计划"，该项目的目标是力求完整地描述大脑的几种特殊而重要脑功能（感觉、情绪、记忆、学习、决策等）在正常态和病态期的神经网络联结的构造、运作方式和机制；2014 年初，中国科学院启动脑科学卓越创新中心，这是标志我国从国家层面开始进军人脑工程领域的里程碑；2022 年，波兰等国的研究人员进行了一项重要实验研究，终于肯定了大脑中的非经典物理过程，这证明了由意识相关脑功能调节的纠缠，即脑功能中存在以非经典方式的量子过程运作。

对大脑意识的研究还在继续，这些探索和开拓，有些虽然并不直接指向出版，但技术的研究与应用往往是面向社会各个领域的，"人工智能技术＋大脑意识科学＋出版"必将成为人类未来在虚拟出版领域的新模式和新形态。

大脑意识出版的优势在于它能够调动全脑意识，促进协同发展，即由于出版工作的特殊性，出版人员本身具有长期的对大脑意识调用的能力，再加上技术的配合，这种能力将得到强化。如，大脑意识出版可以持续开发右脑，使出版人员在编辑内容时通过充分的想象，以富于创造力的视觉形式或动觉意象，进行出版内容的自由再生和组合；或者通过激发左脑功能，让出版人员通过整合规则、有条理的语词实现出版内容的逻辑表达，增强出版内容的客观性、纵深感。此外，大脑意识出版对读者的全脑意识也具有一定的调动作用，如右脑的充分激活可以调动读者的想象力和思维发散力，尤其能够激发图像思维，提升代入感，获得更好的阅读体验；左脑的开发可以使读者在阅读中避免被情绪、意象"牵着走"，保持理性视角，穿越盘根错节的情节表象准确地抓住内容的核心。

此外，大脑意识出版可以深度开发脑部机能，强化脑部记忆，有效降低读者

---

① 余林：《数字出版产业导论》，武汉大学出版社，2022，第251页。

的遗忘率，改善"提取困难"的问题，最大限度地使读者"及时再现"所摄入的阅读信息成为可能。脑科学研究曾指出，人类接收信息的容量是无限的，大脑意识出版就是激发这种信息再现，并让它深刻作用于人脑记忆。读者阅读时，无论是"经典式深度阅读"，还是"快餐式浅阅读"，都可以运用脑意识技术增加记忆深度，使映入读者脑中的各类阅读文本更生动、形象、深刻，有效提升读者的阅读素养、丰富读者的阅读感受。

2. 大脑意识出版的发展前景

大脑意识出版的发展前景如下。

第一，培养高水平大脑意识出版人才是发展的基础。一方面，相关政策、法规要大力支持、严格管控，防止不法分子利用这一技术违法犯罪。另一方面，也需要把大脑意识出版的人才培养上升为教育政策和出版建设政策的重中之重，提高人才培养意识，认真规划人才培养计划，建立人才培养制度，为大脑意识出版的发展提供人才保障。

第二，在大脑意识出版中实现深层次交互。通过前期的实验、数据录入、模型建造，为特定的功能输入特定的脑电波波谱程序，为大脑植入传感器，当读者想进行某些操作时，可以通过大脑神经末梢或者神经元细胞发出神经指令，此时机器读取到相应的脑电波的波谱程序，便可以根据指令实现诸如自动翻页等场景切换功能。当进行进一步的交互时，读者也可以加入文字构建的剧情中，成为剧情的创作者、主导者，这时候就已经达到了视觉的第三层"作者意志"，比如脑电波控制文字中无人机的起飞和降落，甚至控制作品中主人公的思维和选择。

当大脑意识与出版结合发展到高级状态，此刻空间就是阅读界面，原本物理意义上的可以触碰的媒介化为无形，读者甚至无须借助眼镜或软件机器，只需保持裸眼状态，当读者的大脑发出指令时，脑电波的波谱程序被感知，空中就会出现屏幕，读者可以选择用手滑动，或是彻底解放双手，全由脑意识操控屏幕，同时可以通过脑意识自由在书中做批注、修改。读者不仅可以控制内容的切换，还可以以内容为基础选择场景，实现多场景之间的切换，让场景与内容共同构成读者的阅读体验。此外，不同读者之间不需要通过语言，直接用脑意识即可实现实时交流，随时调取所需要的信息，比如通过脑意识共同探讨对同一本书的感受，或是通过脑意识实现书籍资源共享。

　　这是数字出版基于目前的元宇宙设想、人工智能技术、虚拟现实技术进行的最新形式的设想，代表着未来数字出版中人、内容与技术的深层次互动。如果这一设想成为现实，不仅是数字虚拟出版，整个交互史都会发生翻天覆地的变化。不过，从当下的研究进度来看，从布局虚拟大脑的类脑研究到人类真正的大脑意识操控，大脑意识技术在出版领域的应用"道阻且长"。相关研究仅停留在基础研究层面，应用层面的研究远远不足，同时还存在很多技术不完善的地方，比如行业硬件不足，刷新率和渲染率达不到要求等，另外还有技术安全问题、人类存在的价值问题等都是需要思考、厘清的问题。

　　不过可以肯定的是，数字出版只是出版的当前形态而已，远不是出版的未来和终极形态。人类对出版发展的艰苦探索，绝不会止于数字出版；可以预测的是，数字出版必将被更新、更卓越的出版形态所取代，目前所论述的人工智能出版和大脑意识出版很可能并不是数字出版的最终形态，只要文明演进的脚步不停顿，出版探索的脚步就不会停顿。

第四章

数字出版产业发展的关键指标：
人才培养

　　人才是数字出版产业发展和壮大的核心竞争力和决定性要素，出版新旧媒体的融合和数字出版行业的高质量发展离不开人才建设和培养。也就是说，人才培养是数字出版产业发展的关键指标。为了保持数字出版产业的高速发展，国内外学界、业界和政府都要高度重视数字出版专业人才的培养。

第一节　新时代数字出版行业的人才培养需求

数字媒体行业要实现快速发展，需要大量的专业技术人才，特别是那些既有一定的理论基础和艺术修养，又有很强动手能力的专业技术人才。数字时代需要复合型出版人才，他们不仅要具备传统编辑出版流程的核心能力，即选题策划、编辑校对、市场营销能力，而且应具有创新的思维模式与丰富的计算机与网络应用经验，如网络编辑、信息检索与快速加工等。但是，我国当前的数字出版专业人才培养与人才需求并不匹配，具体表现在四个方面：一是数字出版产业发展以颠覆创新为主、递进创新为辅，发展路径含糊不清，岗位描述条件差，使数字出版界确认人才需求规格、知识技能体系、教育载体平台等相对较为困难；二是数字出版知识和技术已经进入按周迭代创新阶段，高校在刚刚提高技术型教师数量、提升技术类课程比重不久，即面临所教授知识技能没出校门就已落后淘汰的现实；三是数字出版产业在加强知识生产、管理和内部分享机制方面已经较为成熟，对人才培育的外部依赖性条件降低，加之如上述两点所提到的问题，数字出版行业更多倾向招收具备基础条件的创新人才自主培养；四是大型开放式网络课程以免费、产业同步性、主讲教师是业界翘楚等优势吸引有志在数字出版领域有所发展的学生，对我国数字出版教育的可替代性形成紧逼之势。[1]在这种背景下，我国数字出版行业的人才培养就更要加大力度了。

一、新时代数字出版行业人才培养需求的背景

人才是推动数字出版产业发展的根本保证，但目前我国数字出版行业人才需求和出版人才供给产生了鸿沟和错位。因此，现阶段我国数字出版行业应当重点考虑"培养人""培养什么样的人""怎样培养人"的问题。

2016年3月，《中华人民共和国国民经济和社会发展第十三个五年规划纲

---

[1] 刘运峰、李广欣：《媒介融合时代的编辑与出版》，南开大学出版社，2016，第299-300页。

要》明确将"数字出版"列入国家五年规划。[1]2017年8月，国家新闻出版广电总局办公厅发布《关于开展"数字出版千人培养计划"试点培训工作的通知》，旨在培养一批面向新闻出版业未来发展需要的创新型、复合型高级人才和数字出版业务骨干队伍。同年，武汉大学和北京印刷学院承担"数字出版千人培训计划"试点培训工作，成效显著。2022年3月，国家新闻出版署印发《国家新闻出版署关于组织实施2022年度出版融合发展工程的通知》，指出要对入选的出版融合发展优秀人才在行业培训、课题调研、重大项目等方面给予平台和资源支持，在相关人才评选评优中予以重点推荐，并推动优秀人才所在单位出台配套支持措施。[2]在之后的多个国内外会议、论坛上，产业界和学界专家、学者们也多次强调数字出版行业人才培养的重要性。与国内相比，国外对数字出版行业人才的培养虽然也强调政府作用，但主要还是由教育机构与企业主导。例如，由安格利亚鲁斯金大学等英国15所院校联合成立的出版教育协会定期召开会议，探讨数字出版教育和课程设计等问题；美国出版商协会下属高等教育委员会与高校和培训机构等合作提供教育数字化方案，为学生提供数字出版相关的教学；由美国、加拿大、英国、澳大利亚和法国共同组建的国际出版教育协会为各国图书出版相关的教育组织、学术及专业机构搭建交流平台，促进了数字出版人才培养。

近年来，在政府的支持和数字经济的驱动下，我国数字出版行业人才需求急剧增加。数字出版产业面临人才供给短缺和职位分布失衡带来的巨大挑战。2015年，杭州市将数字内容产业人才列入《杭州市2015年度信息（智慧）经济产业紧缺人才需求目录》，数字内容产业人才净雇用前景指数达50%。[3]这在一定程度上说明了企业对数字出版行业的发展持乐观态度，且迫切需要数字出版行业人才。2018年，清华大学经济管理学院互联网发展与治理研究中心联合领英发布《中国经济的数字化转型：人才与就业》报告，报告按价值链流程将我国数字人才按职能分为数字战略管理、深度分析、产品研发、先进制造、数字化运营和数字营销6类，认为我国85%以上的数字人才集中在产品研发岗位，深度分析、先进制造

① 李蓬：《数字出版人才短缺的困境与对策》，《产业与科技论坛》2018年第19期。
② 新华社：《国家新闻出版署启动实施2022年度出版融合发展工程》，https://www.gov.cn/xinwen/贰022-03/23/content_5680851.htm，访问日期：2022年11月9日。
③ 徐丽芳、陈铭、赵雨婷：《数字出版概论》，武汉大学出版社，2022，第371页。

和数字营销等岗位的人才占比总和不到 5%，且约 50% 的数字人才分布在计算机、互联网、通信等信息通信技术基础行业。[①] 可以看出，我国数字出版行业人才需求最多的职位是产品研发和运营类，更加看重人才是否具备技术、管理、领导力的综合技能。很明显，数字人才职位分布不均衡。英、美等国已建立较为完备的数字出版教育和培训体系，但国外数字出版人才培养同样面临人才短缺和岗位失衡的困境。相关调查显示，数字人才缺口是当今世界各行各业都面临的挑战。根据凯捷咨询公司和领英在 2017 年 10 月发布的《数字人才缺口——企业做得够吗？》报告，大多数出版机构的数字人才缺口越来越大。其中，网络安全人才缺口最大，精通网络安全的求职者比较少，需求明显大于供给。

二、新时代数字出版行业人才培养需求的体现

数字出版行业的高速发展催生了市场对数字出版人才的更多需求。这不仅体现在对数字出版行业人才数量的需求上，更体现在对数字出版人才结构和素质的需求上。因此，现阶段我国数字出版行业人才的教育和培训应以满足社会对数字出版人才在数量、结构和素质方面的需求为出发点。

（一）数字出版行业人才数量需求

在数字技术的推动下，出版流程、产品形态、服务方式等都发生了根本性变革。在国家相关政策法规的指引下，我国出版行业正在经历由传统出版向数字出版的转型，由此导致行业对数字出版人才大量、迫切的需求。

从国家层面来看，我国数字出版产业高速发展的过程中出现了较大的数字出版人才缺口。根据《2022—2023 中国数字出版产业年度报告》，2022 年国内数字出版产业总收入达到 13 586.99 亿元，较上一年度增长了 6.46%。其中，传统书报刊数字化收入同比增长 3.7%，但处于近三年来增速的最低点；在线教育收入 2 620 亿元，进入稳定发展期；网络文学规模进一步增长，网络文学海外市场规模突破 30

---

① 豆丁网：《中国经济的数字化转型：人才与就业》，https://www.docin.com/p-2074173137.html，访问日期：2022 年 11 月 10 日。

亿元……[1] 这说明我国数字出版产业正在持续蓬勃发展，而这又催生了数字出版行业对人才的巨大需求。并且，随着我国传统出版单位向数字出版单位转型的速度加快，出版行业人才需求增量也逐步向数字出版类岗位倾斜，其他人才需求岗位也提出了数字化技能的要求。从地理位置上看，数字出版行业人才需求目前主要集中在北京、上海、广州、深圳等一线城市，而且具有"东大西小"的特征。整体看来，数字出版产业越发达的地区，对数字出版行业人才的需求量就越大。

从出版单位来看，数字出版行业人才稀缺，需求缺口较大。在"BOSS直聘"招聘网站上以"数字出版"为关键词搜索岗位信息可以发现，相关职位信息较多，可以说缺人、招人已成为出版单位数字出版部门甚至互联网企业的常态。数字出版相关职位主要集中在产品销售/推广、新媒体运营、内容策划、数字编辑、平面设计、抖音主播等，职位需求呈现出多样化的特点，且技术类职位最为紧俏。从人才来源来看，我国数字出版技术人才的来源渠道主要有面向高校进行人才招聘、企业内部员工转岗、从互联网企业引进、从软件公司引进、从其他出版单位引进。[2] 这说明我国当前数字出版单位主要有"用新人"（高校招聘）和"用熟人"（内部转岗）两种用人思路。从人才需求来看，我国数字出版技术人员的数量整体较少，6.2%的公司不足5人，42.5%的公司为5~10人。[3] 数字出版技术人才在公司总人才中的占比普遍不高，数字人才储备严重不足。但是，近年来由于经济环境、996工作制等影响，部分人更愿意追求相对稳定有保障的工作状态。从这个角度来看，契合这类需求的出版行业对各类人才的吸引力有所回升。

（二）数字出版行业人才结构需求

由前文可知，我国数字出版行业人才主要来源有传统出版单位内部员工转岗、高校招聘、从软件公司和互联网企业引进等。其中，传统编辑转型是当前我国数字出版行业人才来源的主要形式；其次是面向各大高校招聘人才。整体而言，数字出版从业人员占企业总人数的比例较低，在传统出版单位中，这一点更为明显。但是，这并不代表我国数字出版行业人才不受重视，而是恰好说明这类

---

① 搜狐：《1.3万亿总收入！2022—2023中国数字出版产业年度报告发布》，https://www.sohu.com/a/722132272_121123872，访问日期：2023年10月9日。

② 张文忠、朱军：《编辑工作与出版人才培养探索》，上海大学出版社，2021，第152-153页。

③ 朱军、张文忠：《我国数字出版专业技术人才需求现状调查研究》，《新闻世界》2020年第8期。

人才的稀缺程度较高。

数字出版由于是互联网环境下诞生的新型产业形态，对新技术和新技能的掌握要求较高，所以对从业人员的技能和素质要求也相应较高。根据调查，分别有70.82%、61.92%、53.38%、44.13%、41.64%、35.59%和34.52%的企业需要内容策划与编辑人才、产品设计开发人才、市场营销人才、综合性管理人才、平台运维人才、高端领军人才和数据分析与管理人才。[1]数字出版应用型人才，尤其是应用型高端技术人才市场需求较大。另外，随着出版产业融合和多元化发展速度加快，数字出版行业人才需求转向对全面融合型和复合型人才的需求。有研究者将数字出版融合型人才定义为具有技术理解力和技术自信心，具有行业专长，能够面向行业和社会服务，能进行内容策划，并擅长内容运营的人才。就岗位而言，目前市场上出现了许多与规划设计、编辑制作、视觉美化等相关的内容生产岗位，包括产品规划师、课件设计师、动画设计师、内容编辑、文字编辑、新媒体编辑、数字图书加工、视频剪辑师、手游开发、PPT美化、呈现工程师等。

（三）数字出版行业人才素质需求

随着我国数字出版产业的发展壮大，复合型人才的需求量急剧增加。有学者在调查了426家用人单位、97种（数量为4 759个）岗位要求后，指出数字出版人才素质依重要性排序依次是工作经验、对传媒行业的热情、文字功底、策划能力、抗压能力、学习能力、沟通能力（社交能力）、团队合作精神、严谨与认真的态度、外语（英语）水平、责任感、新闻行业敏感度、执行能力、技术（软件）能力和知识面。[2]综合而言，当前我国数字出版行业对人才素质的需求主要在于以下四个方面。

第一，过硬的专业知识。这要求数字出版人才具备平面媒体、网页媒体和流媒体内容设计、编辑与制作等能力，利用社交网络等新媒体交互平台、针对数字出版用户进行整合营销的能力，根据用户需求利用多媒体与动画设计工具制作数字出版物的能力，采集、挖掘、分析、利用和管理海量出版信息资源的能力，以及了解并掌握数字环境下采取版权保护相应技术手段的能力。数字媒体的扩张催

---

① 段弘毅：《我国数字出版人才现状与需求分析》，《出版科学》2017年第3期。

② 王海峰：《需求分析视角下地方高校数字出版专业人才培养思路》，《长春大学学报》2018年第12期。

生了数字出版行业对高度专业化出版技能的需求。不同岗位需要不同的专业知识，数字出版行业人才应根据岗位的期望培养相应的出版专业能力：作为营销人员，需要树立与时俱进的新媒体思维方式，并将其运用在用户行为分析、个性化服务、关系营销等方面；作为技术人员，需要知道如何将用户需求转化为相应的产品需求，并利用相应的软件工具实现数字出版物的设计与开发；作为版权人员，需要深入理解并掌握 DRM 系统，以及数字签名、加密、防拷贝等技术；作为市场人员，需要从海量以不同媒介形式存在的数据中获取有价值的信息内容并对其进行有效的分析、利用和管理，以制订相应的市场拓展计划；作为编辑人员，不仅需要掌握基于纸质载体的平面编创能力，更需要具备互联网环境下的超文本编创能力，包括但不限于掌握 XML、HTML 等标记语言，熟练使用方正飞腾、InDesign 和 Pagemaker 等编辑排版软件，Adobe Audition、Adobe Premiere Pro 等音视频编辑软件，Photoshop、Illustrator、CorelDraw 等图像设计软件，Adobe Dreamweaver、Adobe Flash、Adobe Firework 等网页制作软件；等等。

第二，非专业知识和技能。在融合发展的大背景下，各出版单位开始要求数字出版人才具备除专业技能以外的其他知识和技能。出版机构的管理人员曾表示数字出版单位需要"专业＋"人才，这类人才在某一方面拥有很精准的技能，同时具备丰富的其他方面的知识。比如对数字出版行业人才，传统出版社倾向于招聘熟悉传统出版流程、有一定技术素质、懂得基本编程、有一定运营能力的人才。

第三，浓厚的职业兴趣。职业兴趣一直是个人择业的关键因素，也是岗位招聘中日益重要的决定因素。浓厚的数字出版工作兴趣首先可能表现为对数字出版工作存在敬畏之心。当代数字出版行业急需的人才必须要对出版行业的内涵和价值有认识、对出版的内容和传播有情怀、对新技术有敏感性、有处理内容的合格业务能力。其中，极为关键的素质就是对出版行业的认识和情怀。[1]

第四，较强的学习和创新能力。数字时代如何塑造较强的学习能力，成为摆在各行业人才面前的难题。数字出版产业作为创意产业，对数字出版人员的学习和创新能力提出了较高要求。作为数字出版行业人才，需要具备独立思考能力和敢于尝试新鲜事物的精神。在高速发展的互联网时代，出版理念、内容生产、商

① 周敏琳：《我国出版行业人才队伍建设研究——以浙江省出版业为例》，硕士学位论文，江西财经大学，2017，第28页。

业模式、运营方式等都在迅速更新迭代，而创新是突破瓶颈、占领产业"高地"的最佳路径。在这种时代背景下，掌握编辑、运营、技术且具有较强学习和创新能力的应用型、复合型、外向型出版行业人才将备受数字出版单位的青睐。

第二节　数字出版人才的主要类型

数字出版行业人才队伍大致包括领军人才、管理人才、内容人才、资本运作人才、技术人才和销售人才等。这几类人才都必须具备复合型特征，需要横跨传统出版与数字出版两大领域，既对传统出版熟悉，又对新技术、新产品、新的传播方式非常了解。

一、数字出版领军人才

数字出版领军人才指的是引领整个行业发展、推动整个行业前进的关键性人才力量：对内能够充分整合传统出版资源，引进行业信息资源，协调出版社各部门，为出版社领导层布局数字出版出谋划策、提供智力支持；对外能够充分争取行业支持，把握政策方向，与主管部门沟通协调，推进行业人才体系建设和业务水平提高。

在出版行业从传统转向数字化的过程中，数字出版领军人才尤其难得，他们往往是充分汲取了传统出版的营养，又自主学习和掌握了新技术、新业务、新业态的高素质、融合性的从业者。这类出版人才精通或掌握数字产品研发、数字技术应用、数字人才布局、数字出版运营、行业智力支持等方面，他们往往既拥有丰富的数字出版理论知识，又有足够的数字出版业务实践经验。鉴于此，我国目前的出版人才评价体系需要进行相应的创新，如在中国出版政府奖、全国新闻出版行业领军人才、韬奋出版奖等国家级奖项、行业级奖项等方面适当考虑数字出版从业者的因素，适度提高数字出版从业者的获奖比例，扩大数字出版从业者的获奖范围。

二、数字出版管理人才

数字出版管理人才是整个数字出版业务的掌舵者，必须站在协调两种出版关系的高度，立足国际、国内两个视野，统筹出版社内部传统与数字业务的大局，从出版社的未来、编辑的职业规划角度来制定本社数字出版战略。这样才能确保出版社的数字业务在健康、持续、稳定发展的轨道上前行，才能确保出版社在未来的竞争格局中立于不败之地，才能为社属员工的长期发展、职业规划开辟新的道路。

以中国矿业大学出版社为例，社领导、中层领导具备前瞻而又务实的理念，在对待数字出版的问题上，不回避、不排斥，采取积极而又稳健的措施来应对出版业格局调整，为数字出版的后续发展奠定了扎实的人才基础和组织机构基础。

在数字出版的组织架构中，管理人才对应的是数字出版部的部门主任或数字出版公司的总经理级别，需要对出版社数字出版的年度工作目标、季度工作目标负全责，需要统筹整个数字产品研发、数字技术应用和数字市场运营产业链全部环节。

三、数字出版内容人才

数字出版内容人才是出版社数字出版战略的执行者，是出版社数字出版职能的落实者，是具体数字出版业务的实施者。同样需要对一个出版社的产品结构较为熟悉，需要对本社的传统图书可能产生的数字出版效益了然于胸，需要对市场上与数字图书相关的新技术、新产品进行一定的调研，并结合自身业务，对本社数字出版的具体开展提出合理、务实的建议。

在数字出版的组织架构中，骨干型的内容人才对应的是数字资源建设和数字产品研发的各部门主管，包括但不限于数字图书馆部主管、数据库部主管、网络出版部主管、手机阅读部主管、终端阅读出版部主管等。

四、数字出版技术人才

数字出版技术人才是整个数字出版业务的关键角色，技术的落后或者先进，将直接影响合作方的意向，影响数字产品的销售，进而影响数字业务的发展顺利与否。

数字出版技术人才一方面需要在计算机技术方面有较丰富的知识和实践经验，另一方面需要熟悉和掌握出版相关的专有技术，如电子书的 B2B、B2C 技术。同时，这类出版人才还需要具有稳定性特征，这样才能确保出版社网站建设、数据库建设和电子书建设的长久、稳步发展。从行业的角度来看，技术人才的年龄不宜太高。国内外经验表明，一个优秀的技术人才的最佳发展期是 30 岁左右，处于这个年龄段的技术人才具有最多的开发灵感和研发创意。

一般来讲，业务实践中对数字出版技术人才能力的要求高过对其学历的要求：不论其学历高低，只要能解决实际技术问题，便要不拘一格地聘用。例如，某出版单位在遇到法律数据库服务器崩溃的情况下聘请了各路技术高手进行会诊，给出的解决方案是重建系统。这样算下来需要花费 300 万元左右才能解决问题。后来，单位邀请了惠普公司的硬件金牌工程师来处理此事，结果只花费了 8000 元的维修费用就解决了问题。该硬件金牌工程师最后被引进到该单位并聘为技术部主管。[①]

五、数字出版销售人才

数字出版销售人才是最为难得的，他们的业务开展得是否顺利，最终决定了数字出版能否有出路。可以说，销售人才承担着整个公司的主要营利任务。比起传统图书的销售，数字出版的销售工作开展起来要难得多。

首先，数字出版销售是一项全新的工作，没有现成的路可走，需要在艰难的信息消费市场中披荆斩棘"杀"出一条路。没有以往市场客户的积累，只能通过每天一点一滴的努力，赢得客户，赢得市场，取得利润。从长远来讲，数字出版销售人员要在充分运用出版社品牌商誉的基础上，建立起一个庞大的、全新的、涵盖特定领域职业共同体在内的数字产品用户群。

其次，销售人员所负责的订单少则几万块钱，多则几十上百万。面对这样大的数额，任何一个单位都会慎重作出决定，这就需要数字出版销售人才深刻认识本社数字产品的长处，将出版社数字产品的优势最大程度呈现，尽量回避或者化解本社数字产品的不足，以促成对方作出消费决策。

① 张新新：《变革时代的数字出版》，知识产权出版社，2016，第174-175页。

最后，数字出版销售人才面对的都是特定行业、职业的客户，这对销售人才的社会交往技巧和业务开拓能力要求都非常高。一旦出言不慎，对方可能因为一句青涩幼稚的话，而否定该笔订单。

综上所述，出版单位对数字出版销售人才的能力要求是多方面的：既要熟悉本社传统图书的优势，又要了解本社电子书的长处；既要说服对方接受本社产品的内容优势，也要让对方了解本社产品的技术优势；既要以产品说话，又要充分运用自己的人脉资源；既要借助出版社的传统作者资源来实现销售，更要不断拓展新的客户、新的消费群体。

第三节　数字出版人才培养的知识能力结构

在现代这个信息高速发展的时代，数字出版这种传播形式必不可少。数字出版新业态的出现使得出版物内容不必依靠传统载体才能传播，进而让图书、报刊、音像制品、网络出版物等的界限逐渐模糊。在这种情况下，出版行业不能再简单地以载体形态来划分类型。可以说，数字化的发展既让出版行业有了新的机遇，又让其面临了一些挑战。当前，我国出版行业必须紧随技术的进步和市场的需求转变发展方向，推进数字出版的发展，加快数字出版人才的培养。根据当前我国数字出版行业对人才的需求，出版单位必须努力培养复合型出版人才。这是因为随着数字出版的兴起及发展，出版业务涉及了信息技术、网络管理、网络营销等各方面的新知识，对出版人才提出了更高、更全面、更专业的要求。要应对出版业的这一改变，出版单位必须加强数字出版的学术研究和理论建设，尤其是研究如何以知识能力结构为切入点培养一批既熟悉出版专业知识、拥有现代数字出版技术，又擅长数字出版经营管理的复合型人才。

一、知识能力结构概述

知识能力结构包含了知识结构、能力结构和非智力因素三个方面的内容，下面就以此为线索对知识能力结构进行详述。

（一）知识结构

每一个人在从事某种职业时都需要有一定的知识结构，要懂得如何选择知识点，并对所选知识进行动态的组合，最终形成自己特定的知识底蕴。

1.知识结构的两个维度

（1）学科知识结构

几乎每一个学习理论流派都研究了学科知识结构，但是他们的观点有所不同。下面以西方古代联想主义学习理论、西方古代统觉学说、认知主义学习理论对学科知识的讨论为例进行分析。在西方古代联想主义者看来，知识结构是人的痕迹、标记、意象等简单观念通过学习中感觉和联想的作用聚集成复杂观念，再由复杂观念组合而成的。在此基础上，西方古代统觉学说的学习理论也对知识结构进行了进一步的分析。它认为，组成知识结构的各种观念是可以相互作用的，或被激活，或被抑制。并且，知识结构中的观念以意识阈为分界线，分为激活状态和抑制状态：意识阈以上的观念处于激活状态，因联想性质上的相似性而聚合成团；意识阈以下的观念处于抑制状态，只有在与处于激活状态的观念团产生联系时才会被知识结构所调用，即被统觉。认知主义学习理论以命题与命题网络理论为主导理论。命题是一种由系词将主语和宾语联系起来的表示判断的语言形式。一个命题由一种关系和一组论题组成，无数个命题组成人的知识结构。

（2）多学科知识结构

国内外许多学者都从多学科的维度探索了知识结构，并获得了一些成果。其中，具有代表性的有以下三个。

第一，蛛网式知识结构。这种知识结构是美国管理学家孔茨站在管理学的角度提出来的，他认为一个管理者要有核心知识结构和外围知识结构：核心部分主要指的是管理专业方面的知识结构；外围部分则是指管理专业以外的其他相关领域的知识结构。具体来说，蛛网式知识结构中专业的学科知识位于中心，其他领域的学科知识则按照一定的层次依次排列在专业学科的外围，如同一张蜘蛛网。需要注意的是，离专业学科越近的知识，与专业学科知识的关系越密切。

第二，"三层次"知识结构。这种知识结构是目前国内普遍认可的一种知识结构理论，由中国经济学家马洪根据蛛网式知识结构提出，他认为一个人的知识结构由三个层次构成：第一个层次指的是学科专业知识，包括该学科的各种理论、历史发展、研究现状、发展前景等；第二个层次指与本学科相关的其他学科知识，比如经济学的其他学科知识有哲学、法学、历史学、数学等；第三个层次指的是一般知识，如人文风俗、自然科学之类的知识。这三个层次构成了一个类似金字塔的结构：学科专业知识位于最高层，相关学科的知识位于中间层，一般知识位于最底层。

第三，飞机式知识结构。这种知识结构是由我国企业管理学者翟新华提出的，他认为人的知识结构就像飞机，分为机头、机身、机尾和两翼四部分：机头是宏观理论，机身是实践经验，机尾是微观理论，两翼则是自然科学知识和人文知识。在这四部分中，前三部分为主体，最后一部分为辅助。总的来看，飞机式知识结构主次清晰，强调理论与实践的有机结合。

2. 知识结构的三个要素

知识结构由知识数量、知识种类和知识层次三个要素构成，每个要素都有各自的功能，相互之间存在着一定的联系，共同对人的认知产生作用。

（1）知识数量

自新型电子计算机与通信技术迅速结合以后，人类进入了信息时代。此时，人类的知识数量与日俱增。时至今日，现在的时代可以用"知识大爆发"来形容。可以说，信息时代拥有不计其数的知识，而且这些知识还在不断更新。当然，这些知识可以按照一定标准分为不同种类，且每一种知识的数量都很庞大。也就是说，一种知识种类由一定数量的知识构成，知识数量是知识种类的基础，没有知识数量就不可能形成知识种类。

（2）知识种类

知识不仅在数量上庞大，在种类上也很丰富。知识可以根据不同的标准划分成很多种类。关于这一点，国内很多学者都提出了不同意见：有的主张将知识分为自然科学知识、社会科学知识和思维科学知识；有的主张分为自然科学知识、社会科学知识、数学知识；还有的主张分为自然科学知识、社会科学知识、数学知识、技术科学知识、工程技术和哲学六类。此外，这些分类中的每一个类别还包含了各种知识小类，可见知识种类是很丰富的。任何一个人都不可能掌握世界上所有的知识，不过可以根据喜好和专业来选择知识种类并将其转化为自己的知识结构。这样不同的人就会形成不同的知识结构，这种差异就使得每一个人思维结构的性质和功能倾向都有所不同。也就是说，知识种类在一定程度上决定了知识结构，而知识结构又对思维结构起一定的影响作用。那么，多样的知识种类就使得不同人的思维方式变得多元化，看待问题、解决问题的方式也就存在很大差异。因此，随着知识数量和知识种类的不断增多，人类分析问题、处理问题的方法也会越来越多。

（3）知识层次

根据中国人才研究会副会长王通讯在《论知识结构》中的观点，知识结构可分为基础、中级和高级三个层次。基础层次指的是每一个学者都必须具备的自然科学、社会科学、哲学等基础理论知识，其总量越大，知识增长得就越快。这个层次的知识在人的知识结构中占有重要地位，因为只有拥有雄厚、扎实的知识基础，才能接受更多新知识，才能有力地发展知识结构。中间层次指的是从事某种职业所必须具备的专业知识。最高层次则是指关于该职业的最前沿的知识。从位置来看，知识结构从低到高的排列顺序应该是基础层次—中间层次—高级层次。从数量上看，知识结构中数量最多的是基础层次，并逐渐向高级层次减少。这就形成了一个典型的塔状。塔建得越高，证明这个人的知识层次越完善，知识结构越合理，知识水平越高。可以说，知识层次决定了一个人的认识深度。

综上所述，知识数量和知识种类的多少，以及知识层次的高低决定了知识结构系统的功能。合理的知识结构不能缺少这三个要素中的任何一个。但需要了解的是，它们只是知识结构的基本要素，知识结构中还有很多其他要素，并在一定程度上发挥作用。

（二）能力结构

每一个人在学习、工作的过程中所表现出来的能力都是不一样的，能力就是顺利完成学习、工作所具备的心理条件，能够直接影响人的活动效率。通常，能力分为一般能力、特殊能力和创造能力。一般能力包括观察力、记忆力、思维力、想象力等方面的智力能力，在能力中占据最主要的地位，是帮助人们顺利完成学习、工作任务所不可或缺的。特殊能力指的是人在从事某种职业时所必须具备的一种专业能力。一个人从事某种职业时需要一般能力和特殊能力相互促进才能顺利完成，因此，一般能力和特殊能力是对一个人的基本要求。不同于其他两项能力，处于最高位置的创造能力标志着一个人是否能成为优秀人才。

1. 能力结构的要素

同知识结构一样，不同学者对能力结构也有不同看法。美国心理学家加德纳提出的多重智力理论认为，语言智能、数学逻辑智能、空间智能、音乐智能、身体运动智能、人际关系智能和自我认知智能七项内容构成了人的能力结构。还有学者认为，人的能力包括观察力、记忆力、注意力、想象力等，并围绕抽象逻辑思维这个核心来发挥作用。我国学者则在上述这些外国学者的理论基础上进行了新的探索。例如，胡竹菁、戴海崎、唐日新等人在《大学好学生与一般学生的能力结构差异比较研究》中，就根据加德纳的观点将人的能力结构分成了语言能力、数学逻辑能力、空间能力、音乐能力、身体运动能力、人际关系能力和自我认识能力这七个方面。从这几个方面出发，他们设计了一些能力问卷来进行调查：先分别在每个班级抽取 3 名好学生和 3 名一般学生；接着对这些学生的同学、班主任进行访问；最后得出的结论是，好学生在自我认知、人际关系和语言能力等方面明显优于一般学生，但在身体运动方面不如一般学生。可见，能力结构包含的内容很多，一个人不能拥有所有能力，优秀的人在某些方面也有缺陷。总之，能力结构是把各种能力组合成一个系统之后呈现出来的一种结构属性，表明从事某项工作所需要的能力层次和程度。

2. 能力结构的特征

人才的能力结构由一般能力、特殊能力和创新能力构成。这三种能力只有相互支持和相互作用，人才才能成功地完成一件任务。也就是说，对于优秀人才而言，能力结构的三个要素缺一不可，是一个整体。

一个优秀人才必须具备一般能力、特殊能力和创新能力，而且这三个能力在活动中相互制约、相互关联。如果其中一个能力不能满足活动的要求，那么其他两个能力也会受到影响，从而影响整个活动的效率和成效，因此人才的能力结构中的三个要素必须相互协调。

（三）非智力因素

"非智力因素"一词首次出现在 20 世纪 30 年代美国心理学家亚历山大的《具体智力和抽象智力》一文中。20 世纪 50 年代，美国医学心理学家韦克斯勒又在

《认知的、欲求的和非智力的智力》一文中深入探讨了非智力因素，标志着非智力因素概念正式诞生和科学研究的开始。20世纪80年代，我国《光明日报》发表了上海师范大学燕国材教授的《应重视非智力因素的培养》一文，引起了我国教育学和心理学界的重视。此后，国内学者对非智力因素的研究越来越多，并取得了一定成果：非智力因素包括意志力、道德修养、克服困难的勇气和能力以及自信、自立、自强的良好心理素质等；非智力因素的培养和智力因素的培养同等重要，教育要注重学生综合素质的培养。这样看来，非智力因素似乎与能力结构有些相似，但其实不同：能力结构决定人"会不会学"，而非智力因素决定人"肯不肯学""爱不爱学"；能力结构是人们在认识事物发生和发展规律时各种能力在心理上的反映，而非智力因素是激发和推动人们去认识事物的各种能力在心理上的反映。[①]

1. 非智力因素的要素

非智力因素指的是智力因素之外的一切身心因素、环境因素和道德品质因素，主要包括以下五个方面。

（1）动机

动机是推动人按一定目标进行活动的心理倾向。它是人的需要的表现。动机可发展为人的信念、理想、价值观、人生观。动机同目的、目标紧密相连。

（2）兴趣

兴趣是人的需要得到满足时的情绪上的表现，它可以直接转化为活动动机。兴趣往往由好奇心开始，兴趣进一步发展就是爱好，它是推动人们积极参与认知活动的重要心理倾向。

（3）情感

情感是客观事物符合人的需要时所产生的态度体验，情绪与情感在本质上一直相互关联。不同的是，情绪比情感更广泛；情绪由当时的一定情境引发，具有不稳定性，而情感较少受情境的影响，比较稳定持久；情绪具有更明显的冲动性和外部表现，情感则比较深沉和含蓄。

（4）意志

---

① 胡磊、李江、曾明亮：《大众教育视阈下大学生学业难题成因及对策研究》，中国纺织出版社有限公司，2021，第74页。

意志是人自觉地确定目的、支配行动去克服困难、实现目的的心理倾向。它是人的意识能动性的表现，在调整客观事物与人的需要的关系方面具有特殊作用。

（5）性格

性格是人对现实比较稳定的态度和习惯化了的行为方式所表现出的个性心理特征。它以先天气质为基础，在后天各种主、客观条件的长期作用下形成，是客观事物与人的需要的复杂关系在心理上和行为中烙下的难以磨灭的痕迹。

2. 非智力因素的特征

（1）间接性

智力因素对学习品质、学习成绩的作用是直接的，而非智力因素是间接的。例如，学习时，记忆力越好，记住的知识就越多越牢。而一个人有良好的学习动机，却不一定会记住更多知识。这是因为学习动机、学习态度等非智力因素只能影响学习的积极性和主动性，一个人必须通过强化智力才能达到提高学习效率和学习成绩的目的。

（2）差异性

不同非智力因素对学习的作用方式不同，作用时间的长短、作用力的大小，因不同人、不同对象、不同情况也有显著的差异。例如，有人说"天才就是勤奋"，有人说"天才就是毅力"，有人说"天才就是忘我"。可见，不同非智力因素对不同人的发展的意义和作用不同，而智力因素对不同人的学习的作用方式是基本相同的。

（3）两面性

两面性也被称为"适度性"，非智力因素对学习的作用既有积极的一面又有消极的一面。过于焦虑对学习是不利的，但没有一点压力也不利于学习；保持愉快的心态对学习是有利的，但高兴过度又有害于学习；坚韧不拔、朝着既定目标奋进是所有成功者的经验，但是也有人固执偏激，不能根据变化了的形式调整目标，最终难免失败；兴趣爱好广泛既可以成为学习的积极动力，又可以成为转移学习的中心和影响学习进步的消极因素。

知识能力结构分为知识结构、能力结构和非智力因素三个部分。知识结构和能力结构是人才发展的基础，非智力因素是动力，没有基础的动力起不到任何作用，没有动力的基础难以发挥较大的效能。因此，数字出版人才的培养要注意这三个方面的协调统一。

二、数字出版人才培养知识能力结构的现状

如前所述，我国当前已经有一百多所高校开设编辑出版学专业，而且还有部分学校在培养这方面的硕士和博士，初步形成了一个多专业、多层次、多渠道的专业教育体系。论人才培养，我国的出版教育正在从理论教学为主、单一的文科类培养模式向理论与技能并重、文理交叉的复合型人才培养模式发展。也就是说，我国的出版教育不再以符号编辑加工为核心，而是转向多媒体编辑制作，并将培养层次提升至研究生，逐渐向数字出版人才培养转型。但是，出版教育的改革始终无法适应数字出版产业的快速发展。

与国外数字出版人才培养相比，我国的数字出版教育还有很多进步空间，因此要明晰自身的优劣和国内的实际情况来逐渐完善人才培养模式，以求提高竞争力，在激烈的国际市场中占据有利地位。首先从知识结构来讲，我国数字出版人才有两大优点和四个缺点。优点是具有较为扎实的基础知识和较为丰富的出版专业知识。这是因为我国有几千年的文化底蕴，教育一直都比较重视基础知识和专业知识的学习，尤其是文字内容的编辑加工。缺点则是基础知识的广度不够、数字技术与网络技术的知识须加强、相关的法律法规知识缺乏、数字出版行业中最前沿的知识量不够。其次，从能力结构来看，当前培养的数字出版人才有一定的文字编辑功底、选题策划能力，但是编辑加工数字内容的能力较弱，融合数字媒体的能力较差，应用数字技术、网络技术的能力不强，创造能力较差，预测市场的能力和经营管理数字出版的能力也不强。最后，在非智力因素方面，数字出版人才的学习动力、兴趣、意志都不太强，因此在实施教育时要注意这些方面的培养。可以说，我国数字出版人才培养知识能力结构的构建还在探索阶段。要构建更加科学合理、更加适应数字出版行业发展的知识能力结构体系，培养出更多优秀的数字出版人才，各高校应积极汲取国外的先进教育经验，并针对国内教育的不足予以改进，使数字出版产业得以发展壮大。

三、构建数字出版人才培养知识能力结构体系

当前，学术界对于数字出版教育究竟要培养具备什么知识和能力的人还没有一个统一的答案。理论上讲，上述各种知识和能力的组合都可以培养一个优秀的数字出版人才，但是最好是从较为全面的角度来进行探讨。这就要求我国构建完善的数字出版人才培养知识能力结构体系。

（一）构建数字出版人才培养知识能力结构体系的意义

数字出版行业的快速发展，使得社会必须高度重视复合型数字出版人才的培养。对于数字出版人才的培养，人们通常采用经验总结的方法进行研究。这种方法虽然有一定参考价值，但还未上升到教育学、心理学的层次，因此有必要从知识能力结构的角度进行深入研究。因为对于任何一门学科而言，经验的总结都不能为学科发展奠定坚实的基础。这就要求每一个研究者都有探索的精神。对于传统出版行业，研究者在每一次研究时都付出了很多努力，不断从表层现象、基本规律、实践方法等方面进行了深入探索。但是对于数字出版行业，研究者们的探索还不够深入。

知识能力结构是一个非常复杂的研究课题，只有采用各种不同的方法从多个角度进行探索，才能得到更深刻的答案。当前，针对数字出版人才培养知识能力结构的探讨并不是很多，但知识与能力在数字出版教育中的地位很高，对它们进行研究有利于数字出版人才的培养和评价。在培养过程中，课程研究专家最想要解决的实际问题就是如何在短时间内使数字出版人才具备必要的基本知识和能力。要解决这个问题，就要了解和掌握数字出版人才知识和能力的由来、构成，以及有效获得这些知识和能力的方法，构建以知识和能力培养为核心的教育模式。在评价过程中，知识能力结构的培养同样有很高的应用价值。对于评价者来说，有很多标准都可以被纳入评价体系，但是只有选择合适的评价标准，才能恰当、合理地对数字出版人才进行评价。知识和能力是这些标准中重要的部分，将其纳入评价标准就是构建数字出版人才培养知识能力结构体系的第二大意义。

（二）构建数字出版人才培养知识能力结构体系的依据

1. 市场需求

行业实践能够直接检验学校教育的成效。从学校走出来的人才是否具备相应的行业能力，只需要让他们进入行业实践便可知晓。同理，数字出版人才培养的知识能力结构是否合理，同样可以通过数字出版业的实践考验得到答案。换句话说，学校教育培养的人才必须符合市场的需求，这样才能通过实践考验。因此，要构建数字出版人才培养知识能力结构体系，学校首先就要以市场需求为依据进行深入分析，了解当前数字出版行业中各个单位对人才的期望，从而知己知彼，进行有目的、有计划的人才教育。

2. 系统的理论基础支撑

对数字出版人才培养知识能力结构的研究还属于一个比较新的课题，但学术界其他学科的知识能力结构的理论研究已经比较成熟，可以给数字出版教育提供经验。关于知识能力结构体系的构建理论，哲学、教育学、心理学和语言学都取得了一定的研究成果，如哲学中的辩证唯物主义认识论，教育学中的终身学习理论、专业发展理论、实践知识理论、信息加工理论，心理学中的康德图式理论、皮亚杰认知发展理论、建构主义学习理论，语言学中的第二语言习得理论、奥德林语言迁移理论等。由于本节的重点在于数字出版人才培养这个环节，因此决定根据教育学的理论知识进行深入研究。

（1）终身学习理论

终身学习理论是 1972 年 5 月以埃德加·富尔为首的国际教育发展委员会在《学会生存——教育世界的今天与明天》的报告中正式提出来的。该报告认为，对于个人和社会而言，终身教育包括教育的整个过程，它是由各种形式、各个阶段的教育行为构成的一个循环往复的关系中所使用的手段。这种教育的目的与普通教育的按照某种预定的组织规划、需要和见解来培养人才不同，面向的是整个社会成员。其受教育的时间也不是普通教育的某一特定年龄，而是一个人的终生。

1994 年，意大利罗马举行的"首届世界终身学习会议"给出了终身学习的官方定义：终身学习通过一个不断的支持过程来激励人们充分发挥自己的潜能去获得终身需要的知识、技能，并充满信心地、创造性地、愉快地将其应用到各种活动中。

根据上述描述，终身学习理论包含了以下六个方面的内容。

第一，终身学习贯穿人的一生，是一个连续不断的学习过程。

第二，终身学习要在一个支持过程和一个支持系统的协助下才能完成。它与终身教育密切相关。换句话说，终身学习要依靠终身教育才能实现，终身教育为终身学习提供有力支撑。人的一切活动都应纳入人类社会的范畴。同理，终身学习作为人的学习活动也属于人类社会的范畴，因此离不开社会的帮助和影响，尤其是终身学习的目的性和意识性都很强，更需要教育的指导。由此可见，终身教育对终身学习有很重要的意义，是与之相伴而行的。

第三，终身学习这种活动有一定的目的性。它是个体有意地安排和进行的，所以不包括那些偶然、无意的学习活动。这一点充分表明了有需求、有意识的学习在终身学习过程中的重要价值。

第四，终身学习主要是指在学校以外的非正规情境中的学习，不仅有更丰富的学习内容，还有更宽泛的空间范围。

第五，终身学习是人的一种基本权利。任何人，无论什么年龄、身份、地位，都有权进行终身学习。可以说，终身学习是人类社会中的一种特殊活动，能够有效促进个体不断完善自我。

第六，终身学习不仅是一个教育或学习上的概念，还是一种人类社会中的行为方式。因此，社会要建立一个完善的终身学习体系，告诉社会成员应当"学什么""怎样学"。

随着全球化的不断深入，全球政治、经济、社会生活的方方面面都发生着巨大的变化。这使得 21 世纪成为知识全球化的时代，知识的数量和种类与日俱增，动态的、发展的知识正在日益成为社会发展和社会进步的主导力量。要使社会有更好的未来，就要鼓励人们进行终身教育。作为社会产业的一部分，数字出版产业也强调人才终身学习的重要性，以完善人才的知识能力结构。

（2）专业发展理论

专业发展理论是在成人发展理论的基础上融入了心理学、教育学、社会学等多个学科的理论知识构建起来的一套比较系统的理论体系。其主旨是以数字出版人才的职前、在职、离职等职业生涯发展为线索，探寻这个阶段中的发展规律。在这套理论体系中，数字出版人才是一种具备专业知识和特殊能力的专业人员。

要完善这类人才的知识能力结构，必须丰富其专业知识，提升其特殊能力。但是，这些专业知识和特殊能力需要在长期持续的努力实践中获得，因此数字出版工作理应被看作一门专业。只有经过了终身学习、不断探索和解决问题的过程，数字出版者才能真正成长为专业人才，其职业理想、职业道德和职业能力才能更加成熟。数字出版人才的专业成长集中体现了数字出版人才发展的意义。为了探讨或推动"数字出版专业发展"，就要将数字出版人才视为发展中的个体，以此打好基础。数字出版是一种需要进行专业化学习的职业，人才在数字出版职业生涯中要一直努力学习以更新和补充知识与能力。

（3）实践知识理论

以实践知识理论来看，数字出版人才既是继承和实践专业知识和技能的人，又是发展专业知识的人，他们在数字出版工作中所使用的实践性知识体现了人的创造性能力。这其中有两个重要的概念：实践性知识和创造性能力。在实践过程中，数字出版人才会有目的地使用某些情景知识或与该情景相关的知识，这些知识就是实践性知识。对实践性知识的强调实际是一般与特殊、目的与手段在具体的活动情境中的紧密联系。创造性又是主体性的一个重要体现，意味着对现实的超越、突破、革新和改进。实际上，数字出版人才在工作实践中的创造性能力更代表了一种创新的能力，即能够在脑海中浮现新颖的想法。

（4）信息加工理论

数字出版人才知识能力结构体系的构建还要以现代认知注意学习观为理论基础，从知识结构的认知功能（加涅的信息加工理论角度）来研究能力结构的形成。

加涅是美国佛罗里达州立大学著名的教育心理学教授，他比较全面地研究了学习和教学心理方面的知识，并形成了一定的体系。加涅的学习理论包含了学习的本质、分类、过程、方法等内容，并以此为基础提出了教育心理学理论——信息加工理论。这个理论从信息加工的角度解释了学习的结构和过程，为当代教育学、教育心理学的进步起到了推动作用。图4-1为加涅信息加工理论模式图，它对知识如何从外界环境进入大脑，大脑又如何感受、感觉、记忆这些知识，以及这些知识如何反作用于外界环境等问题都进行了反映。下面就以这个模式图为基础对加涅信息加工理论进行概括。具体来说，知识先在外界环境中保留较短时间，然后通过人类的选择性知觉加工成为某种物体或物体的特性。紧接着，被加工后的信息又在人的短时记忆中以声音、图像等形式储存起来，并且被大脑进行复述处理。接下来，短时记忆中的信息又逐渐进入长时记忆，再由大脑进行语义编码，并在此条件下激活感受器，进而产生神经冲动模式并在感觉登录器中以某种形式储存下来。之后，信息被调入短时记忆并开始进行提取和搜索工作，此时长时记忆中的一些信息也可以直接提取出来。这些信息被提取出来以后，将刺激反应发生器，并生成一种合适的反应组织。这一结构的信息流又将人类行为的效应器激活，从而通过人的行为提供正确的知识反馈。

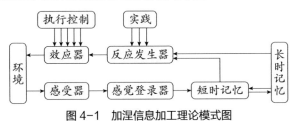

图 4-1　加涅信息加工理论模式图

根据系统论的观点，任何一种结构都会产生一定的作用，且良好的结构能够发挥更好的作用。认知功能就是知识结构的作用。下面就从加涅信息加工理论出发来研究知识结构的认知功能。知识结构主要包含了选择和注意、解释和建构、寻找与提取、生成与迁移、反馈与评价这五大功能。如图 4-2 所示，这五种认知功能分别对应了不同的信息加工流程，其中反馈与评价这一功能对应的范围最广，即整个认知过程。由于篇幅问题，此处就不对其他认知功能作详述了。

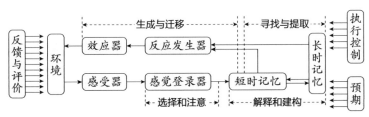

图 4-2　信息加工理论对认知功能的解释

了解了加涅信息加工理论及其加工过程中所体现的认知功能之后，就可以从知识结构的认知功能角度来归纳和总结数字出版人才综合能力是如何形成（图4-3）的了。图 4-3 是在图 4-2 的基础上完成的，它将认知能力和表现能力结合起来，以证明人在认知过程中所反映出来的认知能力及其智力特征，如创造力、想象力、思维力、观察力、注意力、记忆力等。从图中可以发现，信息加工流程中的每一个环节都有一些认知功能，并且这些认知功能分别体现了一定的能力。

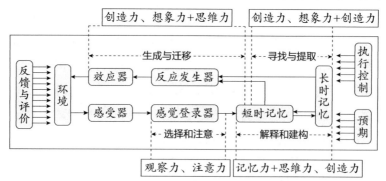

图4-3 信息加工理论对综合能力形成的解释

上述加涅信息加工流程图充分体现了人的知识结构包含五大认知功能。这些认知功能是对学生综合能力的反映，因此对于学生而言，加涅信息加工流程图不仅介绍了信息是如何加工的，还阐述了学生的综合能力是怎样形成的。如图4-4所示，加涅信息加工理论处于核心位置（知识结构层），具体表现为较外一层的知识结构的认知功能，而认知功能又外显为最外层次的学生的综合能力，这些综合能力经过有机组合又构成了能力结构。

图4-4 知识结构、认知功能和综合能力的关系

（三）构建数字出版人才培养知识能力结构体系的内容

如前文所述，知识结构、能力结构和非智力因素共同构成了数字出版人才培养知识能力结构体系，因此学校在构建此体系时应从这三个方面的内容入手。

1.构建数字出版人才知识结构体系

前文已述，知识结构包含了基础知识、中级知识和高级知识。好的知识结构不但层次分明，而且知识数量充足。也就是说，数字出版人才要想建构完善的知识结构体系，就要兼顾知识的层次和数量：基础知识方面要注意培养学生形成储量丰富、种类多样的知识；中级知识方面要强调学生编印发出版流程、媒体经营管理、数字出版技术等专业知识的培养；高级知识方面要关注学生数字出版最前沿知识的获得。需要注意的是，知识结构与静态的实物结构不同，它是动态变化的，是一个立体的塔状。根据这些理论，学校应以出版知识的各类研究资料为基础，进行深度的理性加工，得到系统的研究结果，从而构建起数字出版人才知识结构体系。

知识结构是人的大脑对外界环境的内化和存储状态，是求知者对客观世界进行信息加工处理后在大脑中形成的要素和层次都比较多的综合体，反映了学生大脑中各种知识的相互比例和相互关系，以及它们所起到的综合作用（能力）。由前文知晓，知识结构中含有很多种要素，但最基本的要素是知识数量、知识种类和知识层次。这些要素从多个角度决定了知识结构的认知功能，可以说，它们的优劣直接决定了知识结构系统的认知功能的好坏。也就是说，合理的知识结构必须具备这三个基本要素，缺一不可。这就要求学校在构建数字出版人才知识结构体系时做到以下三点。

第一，要达到知识储量丰富的要求。知识的数量是知识结构中最基本、最不可或缺的基本要素之一。学生已储备的知识的数量直接影响到他们理解、分析事物的速度、准确度和深度，因此必须掌握一定数量的知识以更好地完成学习和工作。

第二，要达到知识种类广博的要求。知识种类广博要求学校既要注重培养学生的文学、史学、哲学、政治、经济、法律等相关知识，又要重视传授学生数学、物理、化学、天文学、地理、生物等方面的知识，还要注意让学生学会如何编印发出版物、如何经营管理数字出版单位和如何应用数字出版技术等。

第三，要达到知识层次清晰、合理的要求。在培养数字出版人才的过程中，学校应根据学生特点、本校特色和市场变化来合理安排基础知识、中级知识和高级知识的教学，因为知识结构并非静止的，而是运动的，随时都有可能发生变化。

不同层次的知识结构又有不同要求。首先，对于基础知识而言，要想成为数字出版人才，就要掌握一定数量的中级层次和高级层次的知识，而这两个层次知识的获得又要依赖基础知识的积累。因此，学校必须重视培养学生形成广博的基础知识，使之具备人才的基本素质。一般来讲，一个人掌握的基础知识越多，那么在理解和掌握其他层次知识时就更加便捷。数字出版这个行业尤为特殊，其工作所涉内容包罗万象、种类丰富多彩。这类人才只有具备充实的基础知识，才能对工作中的各种问题应对自如。

其次，对于中级层次的知识而言，数字出版人才需要掌握四个方面的知识。第一是出版专业的相关知识，包括选题策划、编印发出版过程、出版设计、数字传播等内容。这些都是与出版行业相关的知识，数字出版人才必须努力学习这些专业知识，才能成为一个优秀的出版人。第二是数字媒体经营管理知识，涵盖了媒介经营与管理、公共关系学、市场调查与分析、信息资源管理、数字资产管理等方面的知识。在社会主义市场经济体制下，任何行业都要接受市场的考验，通过者才能继续在市场中生存。作为比较新且经济增长速度快的行业，数字出版对经营管理人才的需求更大。因此，学校在培养人才时不可忽略数字媒体经营管理方面知识的教学。第三是数字出版技术应用知识，包括电子出版物制作、XML 技术基础、数字版权保护、跨媒体出版、数据库、计算机网络等各类先进的计算机数字技术和网络技术知识。这些技术是数字出版的技术支持，因此受到数字出版单位的高度重视。换言之，当前的数字出版行业对数字出版技术人才的需求量很大，因此学校在人才培养过程中必须重视数字出版技术应用知识的传授。第四是与出版相关的法律知识，主要是指出版法律法规知识，尤其是版权保护知识。随着社会的进步，各国、各地区的法律法规逐步完善，对每一个行业都产生了重大影响。人们必须掌握相关的法律知识，从而有效地维护自己的合法权益，同时避免因危害别人的合法利益而被处罚。相对于其他行业来说，数字出版行业还比较新，在很多地方需要完善，因此从业人员要更加了解相关的法律法规知识，从而更好地开展工作。

最后，对于高级层次的知识而言，数字出版想要跟上时代的步伐得到快速更新，就必须培养拥有最前沿知识和最新数字技术知识的人才。基于高级层次知识的特殊性，学校在培养人才的过程中应增加实践环节的教学，并加强与数字出版单位的联系，让学生接受数字出版行业中最前沿的知识，努力创造更多条件让学生拥有高层次的数字出版知识。

2. 构建数字出版人才能力结构体系

如前文所述，能力结构具有一般能力、特殊能力和创造能力三个要素。对数字出版人才来讲，一般能力包括灵敏的观察力、良好的记忆力、丰富的想象力、灵活的思维力、集中的注意力和较强的审美力；特殊能力主要包括适应新技术发展和信息时代多元化传播趋势的能力、分析和解决数字出版工作中出现的运营管理问题的能力；创造能力则包括政治敏感度、职业道德、创新力等。只有三者合理地组合起来，才能得到优秀的能力结构。[①]据此，学校在构建数字出版人才能力结构体系时应结合市场需求和知识结构体系来确定能力结构的具体内容。根据能力结构要素理论，数字出版人才既要有深厚的文化底蕴，又要有丰富的数字出版技能，还要与当前新技术、新媒体快速发展、大众文化传播多元化发展这一社会趋向相适应，并且要能够分析和解决数字出版实践中遇到的各种问题。总之，学校要将学生培养成能够在数字出版、媒体传播、影视制作等多种行业就职的复合型高级应用人才，可从事创意策划、多媒体信息传播、跨媒体运营管理、数字出版规划与推广等工作。

能力结构要素理论要求学校在培养人才的过程中必须做到三点。首先，要通过各种实践活动培养学生形成较强的一般能力，为其特殊能力和创造能力的获得打下坚实的基础。

其次，要努力培养学生形成能够从事数字出版这项特殊工作的专业能力。第一，要培养学生选题策划的能力。数字出版物应始终以高品质的内容为竞争核心和存在根本。传统出版中十分重视的选题策划环节就与内容息息相关，而且对出版单位的品牌和地位、出版物的社会效益和经济效益都有直接影响，因此数字出版同样要将其放在首位。与传统出版略有不同，数字出版的选题策划讲究技术性和艺术性的结合。其中，技术方面的内容有对市场环境的调查和评估、对出版物制作可行性的全面论证、对出版物制作成本的分析、对出版发行模式的研究等；艺术性方面的内容则包括对选题的方向、目的、创造性等的把握，对选题的现实价值、历史价值和美学价值的保证，可以说艺术性是对技术性的一种升华。此外，选题策划一定要顾及消费市场，在确定数字出版物的载体、内容、功能、价格等时一定要根据消费者的具体需求来制定方案。第二，要培养学生较强的多媒

---

① 赵海宁：《数字出版人才知识能力结构探析》，硕士学位论文，北京印刷学院，2009，第55页。

体编辑能力。这是因为当前数字出版行业的重要发展趋向就是多媒体融合。多媒体编辑是与纯文本编辑相对的一个概念，它指的是对文本、图像、音频、视频等多元内容和电子书、手机报等多种媒介载体进行编辑。因此，学校在培养人才的过程中必须加强学生在上述方面的编辑能力。第三，要培养学生加工数字信息的能力。数字信息加工能力包含了汇聚、分析和有效利用海量数字化信息内容的能力。与传统出版的生产方式完全不同，数字出版是利用数字技术进行内容编辑加工的，而被编辑加工的内容数量极大，因而很难处理。这就要求从业者具有借助网络平台筛选、识别、编辑海量信息的能力，有按照数字出版流程采集、转换、标引、分类信息的能力，有分析、发现数字出版规律的能力。因此，学校在培养人才时要注重这些能力的训练。第四，要培养学生形成良好的与读者沟通的能力。良好的沟通能力能促进从业者与读者之间的无障碍交流，帮助从业者更好地了解读者的需求，从而改进出版产品。因此，学校在教育过程中不能忽略了学生沟通能力的培养，尤其是要锻炼学生与读者正确、有效沟通的能力。第五，要培养学生的非结构性创作能力。创作能力是出版单位对人才最基本的能力要求之一，它直接体现了人才的文学编辑功底。传统出版行业中，从业者需要创作的内容是根据基本语法规则组合起来的，其结构一般是约定俗成的，所以处理起来更容易。但是在数字出版行业中，创作内容通常来自各种渠道，因此很多都没有固定的语法结构，而且存在的状态特殊，如超文本。这就对从业者的创作能力提出了更高的要求，如要求从业者懂得如何处理以文字为主的单一媒体信息，如何利用数据库整理资料、绘制图表、数字化照片和影音，如何运用计算机软件进行出版物排版……也就是说，数字出版人才必须具备创作非结构性内容的能力，以适应出版行业的数字化发展。第六，要培养学生形成一定的出版商务能力，如预测市场、经营管理方面的能力。只有做好市场调查和预测，才能准确把握数字出版市场同类产品的发展方向，由此预测竞争对手可能投入的新产品及市场推广策略，进而及时采取相应的措施来调整自身产品的结构和推广方式。近年来，数字出版产业发展得越来越好，其面临的竞争也越来越大。要想在激烈的市场竞争中找到好的位置，数字出版单位就要把握好经营管理这一关。因此，学校在培养人才时应注意锻炼学生的企业内部运作能力、数字内容管理能力、数字产品营销能力和电子商务运营能力等。第七，要培养学生较好的外语能力，尤其是英语的阅读能力和使用能力。这是一个信息大爆炸的时代，谁能够率先掌握最新的资讯，谁就有机会占据更多市场份额。在这个时代，信息更新得极快，如果只是傻傻等待先进技术和知识被翻译后传入国内，那么很有可能早就被其他单位抢占商机。因此，数字出版单位外语人才的扩充，将有利于本单位在市场中获得竞争优势。这就要求学校在培养人才时注重学生外语能力的训练。

最后，要培养学生的创造能力。数字时代，人才要能够引领行业的未来发展，因此必须具有较强的创新意识和创新能力。为此，学校要以培养创新型数字出版人才为目标，努力培养学生的创造能力，让学生能够适应时代的发展。创新精神是当代人才不可或缺的核心竞争力。可以说，个人的创新精神是形成持续竞争力的源泉，是未来良好发展的关键。这说明，创新是学校和学生共同的价值追求。因此，无论是学校还是个人，都要对创新精神、创造能力加强重视。

3. 培养数字出版人才非智力因素

非智力因素又叫"非认知因素"，是指那些虽不与认知过程产生直接联系但会制约认知过程的心理因素，包括动机、兴趣、情感、意志、性格，等等。在数字出版行业中，人才的非智力因素有事业心、同情心、职业精神、道德品质、心理素质、情商等。事实证明，一个人无论智商有多高，如果没有良好的非智力因素作为支撑，那么也不会达到很高的成就。[1] 因此，学校在教学过程中很有必要培养学生的非智力因素。第一，要帮助学生建立正确的学习动机，即弄清楚为什么要学习、为谁而学等问题。第二，要培养学生浓厚的学习兴趣，让学生对数字出版相关的知识产生强烈的求知欲望，把感知、记忆、注意、思维等智力活动指向学习对象，从而积极主动地参与学习活动。第三，要培养学生控制和调节情感的能力，从而形成遇事清醒、谦虚谨慎的美好品质。第四，要磨炼学生顽强的学习意志，使之在制定学习目标时能够果断，在执行学习计划时能够约束自己的行为，在完成学习任务时能够坚持不懈、百折不挠。第五，要培养学生形成乐观的学习情绪，使之在学习中能够保持轻松愉快的心情，克服厌学情绪。

---

① 唐郁荣、严锦石：《学生心理问题自助手册》，中国矿业大学出版社，2003，第95页。

第五章

新时代数字出版专业人才培养的
现状、问题与对策

　　20 世纪 90 年代，我国出版行业综合编辑学、出版管理、书籍装帧、图书发行等多个领域培养模式的特点，建立了高等教育和在职培训相结合的人才培养体系，为各出版单位输送了大量人才。但是，随着信息传播媒介的出现及不断创新，传统的出版管理、运营等必须转型才能适应出版行业的变化。在这种背景下，出版行业走上数字化的道路，而出版教育作为输送专业人才的重要途径，也逐渐随之向数字化发展。

第一节　数字出版专业人才培养的现状 与凸显的问题分析

一、数字出版专业人才培养的现状

（一）高等教育中数字出版专业人才培养的现状

高校出版教育是专门针对出版行业设置的一个学科，其人才培养在出版专业人才输出中所占比重最大。当前，我国开设出版专业时长超过 10 年的高校有 30 多所。[①]数字出版专业是近年来在媒体数字化发展的基础上才开始在各大高校兴起的，因此开设此课程的高校并不多，主要有武汉大学、北京印刷学院、中南大学、湘潭大学、西安欧亚学院、金陵科技学院等。当前，我国高等教育中数字出版专业的人才培养目标主要有三点：一是与时俱进，培养有牢固编辑知识、较高数字化技术的出版专业人才，使他们在踏入社会时能跟上时代的脚步；二是培养有较高数字出版运营管理能力的出版专业人才，让他们可以在未来的工作中更好地解决出版营销策划的相关问题；三是培养具备从事数字出版规划、文化产业创意策划、多媒体信息表达等各种数字出版工作能力的专业人才，为出版行业输送全能型的人才。各高校开设的课程是不同的，但主要还是分为主干课程（出版学基础、数字出版概论、出版营销学、媒介经营与管理、新闻学、传播学、新媒体概论等基础知识和高级语言程序设计、数据结构、计算机网络基础等数字化技术知识）和特色课程（网络编辑、网络策划、数字出版物设计与制作、网络知识产权、游戏设计与开发等）。由此可见，国家和社会各界都已逐渐意识到数字出版教育的重要性。但是，数字出版专业人才整体数量不多，整体质量也不高。总的来看，高等教育中数字出版专业人才培养有了一些成绩，但是当前培养出来的人才与数字出版产业的发展要求、人才需求并不适应。

[①] 张苗苗：《数字出版人才培养研究》，硕士学位论文，西安工业大学，2018，第25页。

（二）在职培训中数字出版专业人才培养的现状

在职培训一直是提高出版队伍素质，促进出版事业不断发展的重要举措。数字出版专业人才的培养同样离不开它。目前，我国已初步建立了包括职业资格考试培训、业务培训等在内的多层次数字出版培训体系。

1. 职业资格考试培训

数字出版相关的职业资格考试主要由两方面组成：一是基于国家新闻出版总署（今国家新闻出版署）颁布的《出版专业技术人员职业资格管理规定》实施的与数字出版相关的考核；二是针对兴起的数字出版职业，如网络编辑、数字编辑等，国家专门设立的考试体系。

我国于 2001 年 8 月 1 日对出版专业技术人员实行职业资格制度，首次考试时间为 2002 年 9 月 22 日。出版专业资格考试分为初级资格、中级资格和高级资格。初级、中级资格考试采用考试制度，设出版专业基础知识和出版专业理论与实务两个科目；高级资格（编审、副编审）实行考试与评审结合的评价制度。早期考试主要针对技术设计员和校对员。2008 年，国家新闻出版总署出台《出版专业技术人员职业资格管理规定》，同时废止了 2002 年颁布的《出版专业技术人员职业资格管理暂行规定》。新出台的规定明确了国家对在报纸、期刊、图书、音像、电子、网络出版单位从事出版专业技术工作的人员实行职业资格制度的要求，具体针对在图书、非新闻性期刊、音像、电子、网络出版单位承担内容加工整理、装帧和版式设计等工作的编辑人员和校对人员，以及在报纸、新闻性期刊等出版单位从事校对工作的专业技术人员。从该规定针对的人员来看，电子与网络出版单位从事出版专业技术的工作人员已被纳入职业资格考试体系；同时在具体的考试内容中也逐步加入数字出版内容，但印刷出版业务知识仍在考试中居于主要地位。

《第 52 次中国互联网络发展状况统计报告》显示，截至 2023 年 6 月，我国域名总数为 3 024 万个；IPv6 活跃用户数达 7.67 亿；网络文学的用户规模较 2022 年 12 月增长了 3 592 万人，增长率为 7.3%。[①] 这说明，社会对高素质网络编辑从业人员的需求量越来越大。网络编辑的职业资格分为 4 个等级：网络编辑员（国家职业资格四级）；助理网络编辑师（国家职业资格三级）；网络编辑师（国家

---

① 柴嵘、王瑶琦：《10.79 亿网民最爱"三大件"》，《北京晚报》2023 年 8 月 30 日第 8 版。

职业资格二级）；网络编辑师（高级，国家职业资格一级）。目前，不少出版单位已组织从业人员参加网络编辑职业资格考试，并对考核通过者给予相应奖励，以鼓励其他从业人员积极参与考试。

2. 业务培训

当前，我国数字出版业务培训主要以培训班形式展开。数字出版培训班按主办主体可分为新闻出版行政管理部门举办的培训班、协会举办的培训班和企事业单位自主举办的培训班等。

为了促进行业高端人才的培养，国家新闻出版署每年都会规划、组织数字出版相关的培训和研修活动，其中以"数字千人计划""数字出版产业发展战略高级研修班"等培训班为代表。"数字千人计划"由国家新闻出版广电总局（今国家新闻出版署和国家广播电视总局）办公厅主办，武汉大学和北京印刷学院承办，分战略班和骨干班分别培养。战略班培养对象为新闻出版单位主要负责人或分管数字出版、新媒体业务的负责人，主要学习习近平总书记系列重要讲话精神、马克思主义新闻出版观、数字出版产业理论体系、资本运作模式、企业文化构建、品牌与团队建设、机制创新模式、产品运营与服务、信息技术发展趋势等。骨干班培养对象为新闻出版单位数字出版、新媒体业务的部门负责人或中青年业务骨干，主要学习习近平总书记系列重要讲话精神、马克思主义新闻出版观、数字出版技术应用、产品开发与营销、数字出版项目实施与管理、数字出版流程再造、数据与资产管理等。这些数字出版高端培训活动有利于发挥高校在高层次人才培养上的优势，也有效提升了数字出版产学研之间的互动。在国家新闻出版署的支持和号召下，各地新闻出版局也积极响应，组织协调举办数字出版相关培训班。比如，2014年湖南省新闻出版局面向全省图书音像电子出版社、部分报刊出版社的主要负责人及部门负责人举办"全省'数字出版转型示范'专题培训班"；2016年海南省文体厅举办、省出版协会承办面向省内3家出版单位109名编辑的"全省出版单位专业技术人员继续教育培训暨数字出版培训班"；2017年陕西省新闻出版局科技与数字出版管理处举办"以'复合出版和大数据应用'为主题的数字出版培训班"；2018年湖北省新闻出版广电局数字出版处以全省30家互联网出版服务单位负责人及业务骨干为培训对象，举办"全省数字出版业务培训班"

等。①这些国家级、省级培训班的实施为加快培养，造就德才兼备、锐意创新、结构合理、规模宏大的数字出版专业人才队伍提供了重要保障。

近年来，行业协会也加大了数字出版培训的力度。例如在 2018 年，中国版权保护中心、中国编辑学会、中国科学院自然科学期刊编辑研究会、中国出版协会等联合国内研究机构举办了以版权管理、融合发展、数字传播、出版创新、职业经理人等为主题的不同级别的培训，来自全国各地的出版单位和个人参加了培训。这些培训主要通过讲座形式进行，在一定程度上丰富了数字出版从业人员的理论知识，提高了他们的数字出版意识。

相比于前两种官方或半官方性质的培训，数字出版商业培训也在近几年逐步显现出了超强的活力。由于这些培训是商业性质的，因此它们在项目设计、课程安排上更加贴合当下市场的需求。以中国地图出版社集团于 2017 年举办的"数字出版产品设计与运营管理培训"为例，其培训课程涵盖数字出版新型人才培养、产品策划运营与用户运营管理、内容垂直电商及渠道推广策略、在线教学系统功能设计与运营战略规划、编辑与数字出版转型、书报刊检测中的文字规范、出版物常见语法错误逻辑错误分析等。这些培训内容既兼顾国家层面的政策解读，也包含出版界最新态势与企业动向。

此外，一些高等院校也在数字出版培训中占据重要地位，主要表现为国家新闻出版署与高校共建出版人才培养基地。2006 年，国家新闻出版总署和武汉大学共建成立"武汉大学新闻出版总署高级出版人才培养基地"，与南京大学成立"新闻出版总署南京大学出版印刷人才培养基地"；2008 年，北京印刷学院与中国出版科学研究所签署《北京印刷学院与中国出版科学研究所共建"中国数字出版人才培养基地"协议书》；2011 年，新闻出版总署在武汉大学设立了新闻出版总署武汉大学高级印刷人才培养基地；2017 年杭州国家数字出版基地与由北京印刷学院、吉林工程技术师范学院、武汉大学、广东财经大学、天津科技大学、浙江传媒学院等 6 所学校组建全国高校数字出版联盟，并签订了共建"数字出版人才培养基地"的战略合作协议。近年来，一些传媒集团也纷纷和高校合作，成立数字出版人才培养基地，如 2017 年江苏国家数字出版基地镇江园区（睿泰数字产业园）与全国高校数字出版联盟共建"数字出版人才培养基地"等。这些出版人

---

① 徐丽芳、陈铭、赵雨婷：《数字出版概论》，武汉大学出版社，2022，第398页。

才培训基地的建立不仅有利于发挥高校在高层次人才培养上的优势，还有利于提升数字出版产学研之间的互动。

二、数字出版专业人才培养的问题

随着社会文化的逐渐发展以及信息技术的成熟和普及，数字出版市场的竞争越来越激烈，数字出版教育迎来了新的挑战和要求。只有认清当前数字出版专业人才培养中存在的问题，才能及时、有效地解决问题，才能使数字出版从业人员成为能够在瞬息万变的数字环境中胜任本职工作的真正人才。相较于发达国家的数字出版教育，我国数字出版高等教育与在职培训尚处于起步阶段，因此在很多方面都存在问题，具体体现在以下几个方面。

（一）高等教育中数字出版专业人才培养的问题

第一，教育部门不够重视，学科归属不明确。我国出版学科定位模糊，大多数院校都是在相关学科下进行数字出版专业的教学和研究工作。数字出版作为出版学的下位学科，本身也受到了出版学专业教育体制不完善的影响。许多高校仅仅开设了数字出版技术等课程，但并没有将数字出版作为正式的学科和专业，成体系地培养人才。这样极易造成数字出版专业知名度低，报考专业的学生人数有限，专业学生没有归属感等问题。

第二，数字出版相关的产学脱节，人才供需矛盾突出。这主要体现在以下三个方面。首先，数字出版专业数量偏少，学生规模偏小，硕士、博士研究生阶段更是如此，其中以具有跨学科知识结构和能力素质的复合型人才尤为稀缺，与当前的巨大需求量严重失衡。其次，数字出版专业课程设置与数字出版岗位所需技能存在出入。其中部分原因是我国很多数字出版人才培养主要放在文学院、新闻传播学院培养，缺乏与经济类、管理类、信息技术类学科的融合。最后，理论和实践在一定程度上脱节，主要表现为高校对行业实践重视不够，高校能为学生提供或推荐的实践岗位有限；高校与校外数字出版实训基地的联系也容易流于表面，学历教育和职业技能培训缺乏有效对接。因此，学生即使获得了数字出版专业毕业证书，也需要进入岗位后接受企业再培训，增加了企业的用人成本。

第三，数字出版专业的师资队伍匮乏。数字出版专业人才的培养少不了优秀教师在理论和实践方面的悉心指导。这类优秀教师要能够结合时代背景分析数字出版产业的各种问题、发展趋势、未来前景等，并摒弃那些无用的数据和理论，根据数字出版产业的现实和经验给予学生有效的指导。但是，我国的数字出版行业还比较新，因此还没有足够多的精通于数字出版专业知识的教师。而且，就现状来看，我国高校要建立一支精良的数字出版专业师资队伍面临很多困难。首先，在已开设数字出版专业的高校中，在设置课程内容时一般会选择出版知识、数字技术、人文科学、经营管理等，这些课程要求教师有非常高的专业水平，然而这些高校的数字出版专业教师很少有精通数字计算机技术的，更谈不上熟悉各类数字出版文化市场的运营管理、数字媒体产业的发展及资本运作了。其次，高校的数字出版专业教师基本没有过在数字出版单位工作的经历，更没有相关的实践经验，而且很多教师都不太了解数字技术和新型数字出版的运作流程，因此很难给学生有效的实践建议和专业的实践指导，也难以明确如何去教授那些新型的数字出版专业课程。换句话说，这些教师面临的是一个发展不久的新学科，没有权威的数据作为支撑，也没有成功的案例作为示范，他们只能让学生在学习数字出版专业知识时死记硬背，大大降低了学生的学习兴趣，不利于数字出版专业这门学科的长期发展。最后，由于我国的数字出版产业发展时间较短，相关的研究也不多，因此高校的数字出版专业教师能够获取的理论和方法很少，只能依照传统出版专业中的一些旧知识来展开教学。因此，当前只有武汉大学、北京印刷学院、中南大学等部分高校建立了比较完备的师资队伍，而大多数高校都没有。

（二）在职培训中数字出版专业人才培养的问题

第一，从业人员大多尚未纳入职业资格管理体系。2014 年 10 月，国家新闻出版署出台《深化新闻出版体制改革实施方案》，提出："将从事新闻转载、聚合、搜索等业务的新闻网站和网络出版单位编排人员纳入出版编辑职业资格管理。"从此，数字出版从业人员也被纳入职业资格管理。2014 年，全国出版专业技术人员职业资格考试开始允许网络编辑报考，并在试题中逐步加大了数字出版相关内容的比重，但参加考试的数字出版从业人员较少，且通过考试的也不多。2015 年，北京市将数字编辑职称评审纳入全市职称评审序列，在评审编辑人员范围上实现了数字内容产业领域全覆盖。2016 年 5 月，北京市组织开展首次数字编辑初中级职称考试，报考者众多，但通过率仍然很低。显然，简单地将数字出版从业人员纳入现有职业资格考试体系的做法，效果并不明显。

第二，数字出版培训体系仍存在较大缺陷。与国外以市场为导向，灵活多样的数字出版培训模式相比，目前我国的数字出版培训基本上是在政府、协会的倡导下开展的。一期培训班动辄五六十人、上百人，基本采取课堂讲授与结业考试的方式，对出版从业人员理念和技能的提升都有一定限制。此外，相对灵活的商业培训市场仍未得到充分开发，也制约了我国数字出版培训的发展。一方面，较高的培训费用抑制了部分出版从业人员参与培训的需求；另一方面，培训市场本身不完善，因此较难获得出版从业人员的信任。

第三，数字出版单位的接纳能力较差。目前，数字出版单位的从业人员大多数还是传统的出版专业人才，在接纳数字出版专业人才方面没有理想中那么好。原因如下：一方面，高校的出版教育以传统出版教育为主，培养出来的人才没有太多数字出版方面的基础知识和技能；另一方面，我国的数字出版产业正处于逐渐从传统出版产业转型过来的阶段，各产业部门还没有实现紧密融合，因此整个产业链还在断层发展中，但是他们又着急应对激烈的数字出版市场，所以只能先寻找有出版专业知识和技能的人才，而不能强求拥有数字出版技术的人才。总之，我国的数字出版单位还没有完全掌握数字出版的发展规律，时间和精力都有限，所以在培养数字出版人才方面不会花太多工夫，但刚毕业的数字出版专业学生又亟需在数字出版单位实习和锻炼，以获得实践经验。由此，数字出版单位接纳力不足与数字出版专业人才能力不足相矛盾，最终使得数字出版单位出现发展迟缓、人才浪费的情况。

第二节　数字出版专业人才培养的优化策略探索

数字出版专业人才的培养主体主要有政府、高校、企业和行业协会，其中高校是数字出版教育的主阵地，而政府、企业、协会等则是高校的得力助手。只有四者通力协作，才能建立起完善的数字出版人才持续成长培养机制，为数字出版产业的发展提供人才保障。

一、以政府为主体的优化策略

我国数字出版教育的现状表明，仅仅依靠高校和企业是无法解决根本问题的。政府作为教育政策的主要制定者和实施者，在数字出版专业人才培养优化中起着重要作用。

首先，政府要加强宏观指导与调控。数字出版专业人才培养是一项庞杂的工程，需要投入大量的人力、物力、财力，仅靠高校和企业是难以完成的。因此，政府应当给予相应的支持，充分发挥基础性的作用，做好长期的统筹调配工作。根据数字出版产业当前的发展形势，政府必须积极发挥自己的宏观指导和调控作用，做好数字出版产业发展的管控工作，完善数字出版专业人才培养的相关政策，促进高校、数字出版单位、数字出版科研机构的协作共赢。由于国内精于数字出版专业的人才较少，所以政府应加大对人才引进工作的政策支持、资金帮扶的力度。此外，还要采用独特的产业链与营利模式建立国家级数字出版基地。当前，我国已建立的国家级数字出版基地有华中国家数字出版基地、广东国家数字出版基地、中南国家数字出版基地、杭州国家数字出版基地、安徽国家数字出版基地、江西国家数字出版基地等。为了给国内数字出版产业健康、快速发展提供更为强大的支撑力量，政府还应鼓励建立更多国家级数字出版基地，以数字出版为代表，打造数字媒体融合创新区域，注重数字出版的研发、交易、培训、生产等，形成独特的数字出版产业链。

其次，政府要建立健全数字出版人才职业资格考核体系。目前，我国新闻出版人才队伍培养依然沿袭通过全国出版专业资格考试和评审、出版专业技术人员职业资格考试和评审取得传统初、中、高级编辑资格的编辑人员队伍，以及通过国家职业技能鉴定取得网络编辑员队伍两种模式。但是，这两种模式都与数字编辑人才培养存在较大差异，无法替代数字编辑人才培养。为此，相关部门已经将网络编辑纳入国家职业大典。但是，网络编辑职业目前仅强调利用计算机、互联网的技术操作能力，忽视了网络编辑岗位对出版内容的加工整理、审读把关等职责。而且，相关的职业资格考试考核的重点是传统的出版专业知识与技能，因此不能完全适应日益增长的互联网内容整理、加工和审核需求。为此，政府必须根据数字出版市场的实际需求改革考试内容和考试方法，推动建立健全数字出版人才职业资格考核体系。出版专业技术人员职业资格证书是出版人员职业能力水平的证明，也是出版行业就业的通行证，但我国的数字出版职业资格还没有建立起独立于传统出版职业资格的从业标准和认证机制。这就要求政府组织相关人员深入研究数字出版专业人才培养和传统出版专业人才培养的区别，有理有据地提出培养数字出版专业人才的标准，制定严格的从业标准和认证机制，减少行业中浑水摸鱼者的数量。例如，重新修订职称评定的条件，将数字出版的职称评定和传统出版的职称评定区分开来进行。[1]

二、以高校为主体的优化策略

人才是产业发展的基础，为促进我国数字出版产业的迅速发展，完善编辑出版专业人才培养模式，高校应综合考虑产业需求、学校基础设施、院系原有特色优势等各方面条件，探索适合自身的数字出版专业人才培养模式和定位，培养有特色的数字出版人才。

（一）转变教育理念

任何教育都要有远见卓识，即正确的教育理念，因为它是建立在教育规律基础上的一种能反映教育本质、渗透人们的教育价值取向的思想观点。这种理念围绕学生的前途和社会的责任而展开，具有一定的指导性和规范性。在高校教育中，学校必须用正确的教育理念来指导教学体系和教学方法，以确立正确的人才培养目标和人才培养模式，从而进行规范性和持续性的教育，最终培养出高质量的社会所需的人才。

在数字出版专业人才培养中，传统的教育理念明显滞后于数字化的信息时代，主要表现在几个方面。第一，从课程设置来看，传统教育理念强调理论重于实践，将教学的大多数时间都花在课堂上，让学生多学习理论知识而少进行社会实践，而且没有明确的方向性和指导性；传统的教育理念关注人文教育，轻视技术教育，课程内容以文化知识和理论知识为主，而较少涉及技术性知识和技术性实验，并且会忽略掉那些难度较大的技术性知识和实验，实质性进展较小；传统

---

① 赵晨阳：《我国数字出版人才培养路径研究》，硕士学位论文，四川师范大学，2013，第31页。

的教育理念偏向于传统出版理论知识，较少谈及数字化媒体知识，因为传统出版理论知识发展时间久，已建立比较系统的知识库，容易被理解和接受，但数字化媒体知识发展较晚，而且在随着时代的变化而不断改变，没有完备的知识库，不易被接受和把握。第二，从师资引进来看，传统教育理念认为理论知识丰富的教师对学生的知识学习更有帮助，因此高校引进的很多数字出版教师只懂得传授理论知识，而不能很好地将它们用于指导实践工作；在传统教育理念的指导下，高校在选聘教师时往往要求其具有较高的学历、资历等，尤其是在国家重要刊物上发表过论文的硕士、博士极受青睐，这样就很有可能将一些在数字出版营销、经营等方面有丰富经验的人拒于门外，尽管这些人有过数字出版企业的工作实践经验，但是理论知识和学历、资历较难达到高校的要求，因此就失去了进入高校从事数字出版工作的机会。第三，从实践活动来看，传统教育理念下的高校特别重视授予学生较多的理论知识，而只将实践活动当成一种辅助性的课程来开展，因此对实验室和实习基地的建设不太在意，较少投入精力和资金，使得基础设施不足、数据不准确，因此培养出来的人才不能与数字出版产业的实际发展需求相适应。由此可见，传统教育理念根本不能适应当前的数字出版教育，因此高校必须转变思维，充分结合数字出版产业的发展现状、学校的实际情况和学生的具体特质来进行教育。

随着数字化技术在出版产业中不断渗透，数字出版必定是出版产业未来的发展趋势，因此高校要有数字化发展意识，树立与数字时代相适应的出版教育理念。每一所高校的具体情况不同，因此在培养数字出版专业人才的过程中一定要根据自身的优劣来选定培养方向，并采用校园合作、院系合作等方式实现教育优势互补。例如，文化教育资源丰富的院校应当多与理工技术教育资源丰富的院校交流与合作；人文学院、新闻与传播学院应多与计算机学院、通信学院进行合作。通过实施这种教育理念，各高校、院系在人文与技术两方面都能得到进步。每个学生接受教育的经历不同，学校要综合学生的特质和文化知识背景因材施教。比如，一些文科知识经验丰富的学生不善于理工科方面的学习，教师可以对他们进行单独的理工科专业化训练，拓展他们文科知识以外的理工科知识，让他们可以更好地接受理工科知识，并掌握一些基本的技能；一些文理知识都比较多的学生具有较强的知识融合能力和跨学科学习能力，教师可以在教学中大量增加出版、数字化技术、数字营销管理等方面的知识，增强他们的复合学习能力，使之成为社会所需的复合型人才；一些理论知识较少但实操能力较强的学生能够在数字出版单位灵活处理大多数问题，教师可以培养他们的专业性能力和应用性能力，为数字出版企业储备出谋划策的人才；一些学习能力强且有较多数字出版产业知识的学生，教师可以结合理论知识和实践活动来进行培养，使他们成为复合型应用型高级人才。总之，高校要树立专业型、知识型、复合型、应用型的数字出版教育理念，以现代数字出版产业发展为基础，结合现代市场发展的需要，针对不同学生的特质和知识背景来进行差别化的创新教育。

（二）更改课程设置

我国传统出版教育已经发展了较长时间，在课程设置上初步形成了一个比较专业的体系。如前文所述，我国已经有一部分高校开设了数字出版教育专业，在课程设置上有自己的特色，不仅涉及数字出版专业基础知识，还囊括了公共基础知识、人文社科知识。并且，数字出版教育将会持续扩大。但是，发展过程中难免出现一些问题，如涉及数字出版技术的课程较少、课程内容交叉性较弱等。因此，数字出版教育与数字出版产业的发展需求不符。在此背景下，高校必须跟随教育理念和培养模式转变的步伐，更改课程设置，以适应数字出版时代的进一步发展。

首先，高校要改变课程设置的传统依据，转而以学生的特质及知识经验、社会市场的需求为主要依据进行基础课程和专业课程的设置，并兼顾基础知识、数字技术知识、多媒体管理知识等多学科的关联性，紧密结合出版产业与数字化技术，设计出合理的课程。

其次，高校要更改以传授基础知识为主的课程内容设置方式，转而将基础知识和技术知识相结合，因此要在数字出版专业课程设置中以专业课、基础课和模块课为主。专业课应包含三类课程：一是与传统出版理论相关的知识，如出版学、编辑学等的基础理论知识；二是与数字技术、传播技术相关的知识，如计算机基础、网络设计、网络出版、多媒体出版等；三是与媒体运营、管理相关的知识，如市场营销、经营管理、电子商务等。基础课指的是除了专业理论和技能知识以外的公共基础知识，如出版行业相关的法律法规、人文科学知识、自然科学知识、职业道德知识等。模块课则是针对一些新兴数字出版业务开设的课程，一般讲授电子图书、数字期刊、网络游戏、数字动漫等相关的知识。总之，高校在课程设置方面应以这三类课程为主，并辅以数字出版产业发展中新生的一些课程，不仅可以丰富数字出版专业课程的教学内容，还能让学生学到更多有用的专业知识，从而为将来的工作打下基础。以西安欧亚学院为例，该院数字出版专业的课程设置与众不同，增加了数字出版物设计、数字出版营销、数字媒体运营、平面设计与排版等与数字媒体技术相关的一些课程，以培养学生的数字出版商务能力和新媒体应用能力。

（三）加强师资培养

在数字出版专业人才培养中，教师起着至关重要的作用，因为他能将学生从未知世界带入已知世界，使学生从一个懵懂少年成长为一个智慧青年。因此，教师的知识储量和德行对学生的发展有着直接影响。可以说，人才教育必须有德行兼备的教师的加入才能顺利开展。当前，许多高校出版专业的师资队伍是以传统出版专业人才培养为目标的，他们在知识结构上存在片面性，在数字出版、计算机、营销管理等方面的知识都有欠缺，很难完成数字出版教育的培养任务，因此数字出版教育的整体效果不佳，难以达到学院与学生的预期。此外，高校很多教师都没有参与过数字出版企业的建设和管理，缺少相关经验，因此学生难以用学到的理论知识来解决数字出版产业中出现的大多数问题，即教育内容不能与产业发展对应。由此看来，加强数字出版专业师资的培养，是高校数字出版专业人才培养优化中必不可少的一项工作。

关于加强师资队伍的建设，高校可以采用校企合作的培养模式来提高本校数字出版专业教师的能力，提高人才培养质量。例如，学校可以组织教师向数字出版企业专家学习，或直接聘请企业专家为兼职教师，让教师与专家共同教育学生，以缓解当前因师资匮乏而出现的教学困境。具体来讲，高校要重视数字出版专业师资队伍的培养和教育。在理论知识部分，学校应提高对教师的考核标准，让教师先掌握扎实的数字出版知识，再将其教授给学生；在实践技能部分，学校应多组织教研活动或师资培训，鼓励教师走出课堂，到数字出版企业去学习实践经验，了解数字出版的经营管理，并联系理论知识进行学习，弥补教学工作中的不足。此外，高校还应积极吸纳数字出版行业中的教育人才，让专家、行业精英等业界人士来任教，让他们带着行业先进信息和新兴技术进入课堂，开阔学生的视野。这种校内外合作的教学方式不仅可以丰富课堂内容，弥补本校教师在知识结构方面的不足，还有利于培养学生的实践技能，并且可以通过教授、专家、精英组成的多样化师资建设实现数字出版教育与产业的结合。

（四）重视阵地建设

出版学的应用性学科属性决定了出版产业实践的重要性，因此出版教育必须将理论知识和实践活动结合起来进行，否则理论知识就会成为空谈，而出版活动也难以有序开展。多年的出版教学经验表明，实践教学能够有效地结合出版理论知识和实践活动，能够有效增强学生的出版实践技能，从整体上提高学生的出版专业素质。当数字媒体技术与出版产业融合后，传统出版产业逐渐走向数字化的道路，因此出版教育要充分结合数字媒体技术的特征，结合实际的社会实践活动进行教学，吸引学生积极参与数字出版实践活动，让学生在实践中不断加强数字媒体技能和出版技能，从而增强就业竞争力。要加强数字出版专业学生的实操技能，高校就要重视专业实验室和实习基地这两大人才培养阵地。

在建设专业的实验室时，高校应充分挖掘本校的互联网、出版等相关资源，配备数字出版实验室所需要的基础设施，建立完备的实验室，并在此基础上增添一些开放性的实验课程，让学生有更多机会进入实验室进行实践活动，从而将学到的理论知识转化为实际技能。通过专业实验室，学生还可以根据行业发展趋势和市场需求进行数字出版技能研发和项目开发，并在实践过程中提高自己的研发能力和创新能力。例如，西安欧亚学院为了提高数字出版专业学生的技能，与北京北大方正电子有限公司合作，运用先进技术创建了网络实验室，用于网络编辑和电子商务资格鉴定、互动教材出版、实际项目执行、课程体系搭建等各方面。在实验室的搭建过程中，双方还推出了方正互动媒体设计证书，研制了数字版面设计软件，给学生的数字出版实践提供了良好的舞台。

在建设人才培养实习基地时，高校应积极与数字出版企业合作，建立稳定的人才输送渠道，让学生在毕业前就能进入数字出版企业学习，从而深刻地认识和了解数字出版企业的工作流程和人才需求。当前，已经有少数高校经过多年的发展，与多个数字出版单位建立了密切的关系，并以市场为导向，建立了稳定的人才培养实习基地，形成了比较完善的数字出版实习体系。例如，北京印刷学院早在 2006 年就与国家新闻出版总署签订了实习协议，建立了数字出版人才培养实习基地。后来，该学院还与国外一些高校一起建立了科研机构，为学生的实习提供了优秀平台，将学生培养成数字出版企业需要的复合型人才和应用型人才。

综上所述，数字出版产业已在出版市场中占据了重要位置，高校必须将培养复合型、应用型的数字出版人才作为社会使命，注重实践活动，积极建立实验室和实习基地，提升学生与数字出版市场对接的能力。

（五）重视教材建设

当前，我国大多数学校数字出版专业还没有完备的教材，因此各高校应重视教材建设，尽快组织团队编写出一套适合时代发展和产业发展，并兼具科学性和实用性的专业教材。具体可以从以下三个方面入手。

第一，教材建设要具有科学性。首先，高校在编写核心课程教材时不仅要注意教育部门的相关规定，还要加强与其他学校的合作，尽可能实现各校通用，避免重复编写带来的资源浪费；其次，高校在编写教材时应贯彻落实教材委员会的各项要求，利用数字出版企业资源，合理地安排教材的撰写和出版，使教材规范化、科学化；最后，编写的教材要在内容上体现教材委员会对数字出版核心课程的具体规定，在专业知识上体现数字出版理论知识的系统性和稳定性。

第二，教材建设要具有前沿性。随着信息化、科技化时代的到来，传媒技术不断更新，出版产业中出现了一系列以多种形式为载体的文化产品，这些特殊商品在激烈的市场竞争中成为文化产业经济的一个重要支柱。为了适应市场需求，出版专业中增加了很多信息化方面的课程内容，所以在编写教材的过程中不仅要注意核心课程的教学内容，还要兼顾新的教学内容。鉴于此，高校在组织编写人员时可以邀请一些长期从事数字出版研究的专家、学者，以保证教材内容的前沿性。

第三，教材建设要具有实用性。为了帮助学生更具体、更深入地了解和掌握数字出版专业的实践业务，教材必须满足新时代出版专业发展要求，不断更新教学内容，增强教材内容的实用性，为学生的学习提供有效的资料。例如，教材内容不能成为空谈的理论知识，而是要加入一些成功的案例，让学生根据范例进行实践操作，增强实践的可实施性；可以在课后安排一些训练题，锻炼学生学以致用、举一反三的能力；可以融合各种不同媒介的编辑知识和出版知识，丰富教材内容，赋予教材多元化色彩。

（六）培养学生能力

1. 提升信息处理能力

在数字出版产业链条下，出版专业人才必须具备一定的信息处理能力，因此高校在优化数字出版专业人才培养策略时必须增加一些有关信息处理的理论课程和实践课程，这样双管齐下，让学生在学习处理数字信息的基础上还能参与实际操作活动，全方位提升信息处理能力。当然，高校在教学过程中还要注意提升学生的信息处理思想意识，让他们从心理上接受信息处理，进而愿意主动学习网络知识，积极熟悉信息处理软件及其操作方法，从而从根本上提升他们的信息处理技能。

2. 夯实出版专业基础

数字出版专业学生以出版技术为立身之本，因此高校必须重视出版专业基础课程，夯实学生的专业基础知识。这就要求教师重视专业课程的教学，引导学生对专业课给予足够多的关注，帮助他们学好专业知识，打好专业基础。[①]除了课堂上的专业知识，教师还要指导学生在课后拓展相关知识，积极了解数字出版行业的最新动态。例如，教师要多了解专业知识学习平台，并将优秀者推荐给学生，让学生能够学到更多基础知识。此外，高校可以举办一些数字出版专业知识竞赛活动，在丰富学生课余生活的同时增强其学习专业知识的兴趣。

3. 培养出版创新思维

在信息技术高速发展的当代社会，出版行业发生了巨大变化，对学生的出版专业能力和创新思维能力都提出了较高要求。新时代背景下，新技术的应用会影响到出版行业的发展道路，而新技术又是在一定创新思维的发挥下出现的。因此，学生创新思维的培养将在一定程度上影响数字出版行业的未来。这就要求高校在优化人才培养策略时重视数字出版专业人才创新思维的开发。在设置课程时，教师可以将学生分成多个学习小组，定期给小组安排课外探讨任务，鼓励学生分享课外学习的

---

① 高平亮：《媒介融合背景下高校编辑出版专业人才培养研究》，《内蒙古财经大学学报》2021年第5期。

成果，让学生在这一过程中养成独立思考、勇于解决问题的习惯。创新思维便在这样的课余时间得到培养。在课堂上，教师可以采用各种有利于激发学生创新思维的教学方法来进行教学，使学生可以在短时间内提高创新能力。

4. 开阔出版国际视野

在世界文化大融合的背景下，数字出版专业人才应有国际视野。近年来，随着数字出版走出去的规模增大，加上国外数字出版教育理念的成功先例成为国内数字出版专业人才培养起步阶段的借鉴，高校数字出版专业人才培养应该积极开阔人才的国际视野。这要求高校有教育国际化的思想认识，根据实际需要增加国际交流经费的投入，并尝试与国外机构联合培养学生，建立密切的学术交流。

（七）更新培养模式

数字出版专业人才的培养模式应该是立足于数字内容策划、生产和经营的培养，应该注重对学生出版理论、社会责任感、策划创意能力和信息素质（信息意识、信息道德、信息知识和信息能力）的培养。一方面，强调数字化制作和传播技术，注重对学生数字出版技术（网络出版、网页设计与网站管理、书业电子商务、多媒体出版技术、数字化装帧设计、计算机排版等）的操作和实践能力的培养；另一方面，强调数字化经营管理，注重对学生市场化经营和数字化管理能力的培养。只有这两者协调发展，才能推动数字出版专业人才培养目标的实现。①

（八）开展校企合作

仅靠高校一方是无法培养出优秀的数字出版专业人才的，因此高校必须联合数字出版企业，与之共商培养策略。为了培养出既具有扎实理论基础又具有熟练实践技能的数字出版专业人才，高校在与企业合作时要结合编辑出版、数字媒体、经营管理等方面的知识对学生进行综合教育，并采用理论结合实践的培养方式，全方位地训练学生。

数字出版专业学生在学校学到了大量理论知识，但是这些知识如果不能被应用到实践活动中，只能是无用的废品。这就要求高校为学生创造参与社会实践活动的机会，让学生可以在实践中深化理论，将理论变成现实。与数字出版企业合

---

① 朱晓军：《数字出版人才培养的策略》，《教育探索》2008年第8期。

作之后，学生可以进入企业进行实践探索，参与企业的工作，思考并解决工作中遇到的问题，甚至有可能参与企业的运营和管理，从而了解数字出版行业的发展方向，获取更多数字出版的信息……可见，校企合作对数字专业出版学生是有诸多益处的。当然，校企合作也有利于数字出版企业工作人员的深造。企业可以鼓励这些人进入高校，参与高校重大课题和学术问题的研究，帮助学校解决数字出版专业人才培养中遇到的各种问题。因为他们长期在数字出版企业工作，已经积累了丰富的数字出版实践经验，数字出版所需的技能很强，能够弥补高校教育中因实践经验不足而造成的缺失。

需要提出的是，在校企合作中，高校与数字出版企业应根据出版市场的实际需求来制定人才培养方案，以培养出高质量的数字出版专业人才。

（九）加强对外交流

美国、英国、德国等发达国家在数字出版教育体制、课程设置、师资力量、学生就业等方面已经比较完善，形成了一套完备的数字出版专业人才培养模式。因此，我国高校应加强与这些国家的交流、合作，以汲取其优秀的人才培养经验。

1. 与国外院校合作办学

各高校应与国外那些数字出版专业水平较高的学校建立合作办学的人才培养机制，引进国外优秀的教育资源，并加以科学整合和合理配置，努力培养见识广、实操能力强的数字出版专业人才。通过合作办学，国内的数字出版专业学生就有了出国进修的机会，有利于拓宽知识面。当前，与我国出版教育联系较多的国外高校是美国佩斯大学，它与北京印刷学院、武汉大学、南京大学、武汉理工大学等高校都有合作，探索内容有学术会议、项目研究、专业训练等。此外，美国罗切斯特理工学院、加拿大雪尔顿学院、德国斯图加特传媒学院等也与我国部分高校建立了密切的合作办学关系。通过这些合作，我国高校的数字出版专业建设得更快、更好。这说明，与国外院校的联合办学举措是提升数字出版专业人才能力的有效途径，各高校应当加以重视。

2. 加强教师访问和交流

当前，我国一些高校与国外高校合作后，会定期调派优秀教师出国访问、交流，而且取得了一些成果。武汉大学就曾派出版科学系中优秀的教授黄先蓉、徐丽芳、王晓光等人去美国佩斯大学、美国伊利诺伊大学香槟分校、德国埃尔朗根—纽伦堡大学等优秀高校做出版专业学术访问；武汉理工大学也曾派贺子岳、尹章池、李银波等人前往英国、美国、韩国、德国等国家的高校访问、进修和讲学。通过这些访问和交流，我国学者不仅学习了国外先进的数字出版专业人才培养理念，还传播了中国的传统出版文化。[①]这表明，调派教师出国访问和交流对我国的数字出版教育有很大帮助。

访问和交流就是要"走出去"和"引进来"。也就是说，高校不仅要派遣教师出国，还要积极引进国外知名大学的教师前来兼职或担任客座教授，进行更深入的思想、观点、实践的交流。例如，南京大学、北京印刷学院、武汉大学、武汉理工大学等高校邀请美国佩斯大学的练小川教授担任兼职教授，并举行了出版专业学术报告会；南京大学邀请美国佩斯大学的拉斯金教授开展了《美国的出版教育：佩斯大学的案例研究》的专题报告会。这些教授将国外的数字出版产业发展现状、工作流程、技术应用、商业模式、未来方向等各个方面的新消息都讲授给中国学生，使他们获得了更广的眼界，也引起了他们对国内数字出版产业的思考。

综上所述，高校可以通过国内教师"走出去"、国外专家"引进来"的访问和交流方式加强国内数字出版教育与国外数字出版教育的合作、学习，创造更多有利于拓展学生国际化专业视野的机会，甚至开展一些研究项目，从而有效提高教师和学生的数字出版专业水平。

三、以企业为主体的优化策略

数字出版专业人才的培养不仅需要政府引导、高校支持，同时也需要出版企业面对日新月异的数字出版产业做好人才再教育和再培训工作。

首先，数字出版企业要重视数字出版人才的培养，采取多样化再教育形式。比如，聘请行业内专家、学者定期进行数字出版再教育讲座，包括政策解读、理论讲解、项目交流、产品介绍等内容；组织数字出版人才参加数字编辑等相关职业资格培训及考试等；针对不同数字出版人才岗位，采取内部转岗、考证、外出实习、培训、参加数字出版年会、展会、论坛、沙龙、讲座等不同形式，进一步

---

① 富雅青：《媒介融合背景下高校编辑出版专业人才培养研究》，硕士学位论文，武汉理工大学，2016，第69页。

促进数字出版人员把握行业最新动态。

其次,在数字出版人才培养过程中,出版企业应加强同高校、政府相关部门的联系。例如,定期邀请高校教授到企业做报告、讲座,定期组织企业工作人员到高校学习等;有计划、有组织地安排数字出版从业人员开展各种形式的研发活动,有效提高其知识水平和业务水平。

最后,出版企业应建立健全数字出版人才的优胜劣汰机制。引进人才后,如何留住人才是数字出版企业需要考虑的又一问题。改变现有薪酬制度,或者针对数字出版人才建立专门的工资制度,加大人才梯度薪酬力度,依托明确的绩效考核给予相应的工资和福利。为鼓励优秀传统编辑转岗,可给予不低于传统编辑的工资待遇,并增加多样化的以绩效为考核标准的奖励措施。总之,出版企业必须创新和深化人事制度改革,优化数字出版人才开发、培养、管理、使用全过程。

四、以协会为主体的优化策略

在当下的知识经济和数字化时代背景下,协会的人才培育策略也相当重要。

首先,协会要结合大学资源和行业特点,与政府、高校联合组织一些社交和调研活动,鼓励出版专业人才与社会互动,深入了解社会需求。这样的策略旨在提升出版专业人才的社会地位,满足他们的职业需求和心理需求,并最终避免职业倦怠的出现。

其次,协会要与出版单位联合,在数字专业人才培育策略上进行深入的思考和调整,结合当前的政策背景和行业发展趋势,达到持续发展和优化的目标。

最后,协会要以出版行业的高质量发展为导向,强调出版的意识形态特质,同时重点研究融合发展、数字化转型和国际化战略等关键议题。协会还要结合行业政策,积极整合各方资源,组织出版业务相关的专业培训。此外,协会要加强与其他行业的合作与交流,以促进跨学科的知识交融和技能提升,为"互联网＋出版"的模式打下坚实的基础。

结 束 语

一、数字出版的大趋势不可逆转

出版业是社会发展的"记录官"与"见证者"，是人民群众了解所处时代样貌与社会情状的重要载体与渠道。在新的时代背景下，数字出版已经呈现出不可逆转的大趋势，这背后，技术发展的脚步以及国际宣发的需求是促使数字出版一路高歌猛进的最重要的动力。

（一）技术发展基础

在数字出版中，技术发挥着至关重要的作用，甚至可以说，"数字"一词正是依托信息技术演变而来的，数字出版行业都是建立在技术的基础之上的，技术发展在数字出版领域中的作用显而易见。伴随着技术前进的脚步，数字出版的内容越来越多元化，各种新的媒介形式让读者眼花缭乱；数字出版的效率越来越高，传统出版的编辑、排版、印刷等多个环节所需的时间被大大压缩；数字出版的传播范围越来越大，技术为数字出版信息构建了一个可以无限延伸和奔跑的场域，时空障碍在这里被消解；数字出版的市场分析与预测越来越准确，精准内容的推送、读者喜好的预测，帮助数字出版商制订出更加合理科学的计划。当然，对读者而言，在技术的加持下，数字阅读的互动性得以最大化彰显，读者可以在信息世界中进行深入而广泛的探索。如果将技术比作一艘全力往前开的巨船，那么数字出版就是这艘巨船的船板，技术的任何一次革新都会带动数字出版走上新的台阶，而技术的任何最新动态都需要通过生活中无处不在的出版业传播，让普通人看到并了解。因此，从技术发展趋势不可逆转的角度可以看到，数字出版也呈现了不可逆转的大趋势。

（二）国际宣发需求

世界是一个整体，这一早早就出现在中国古代哲学思想中的观念在新媒体时代被放大、被证明。在新时代背景下，互联网连接起了"地球村"的各个角落，打破了原有的不论是物理的还是社会的界限。"地球村"这个概念是由加拿大传播学家麦克卢汉于1964年提出的，他通过20世纪60年代的技术现状，预见性地描绘了未来地球两端的人们通过信息技术打破原有界限、连为一体的情况。在这种数字信息极大地影响一个主体对另一个主体的判断的情况下，国家的软实力建设变得愈发重要，通过数字出版来塑造"可信、可爱、可敬"的大国形象成为我国国际宣发的宗旨和方针。放眼全球，打造一个旗舰型媒体、加大数字出版的建设力度亦是许多国家加强自身建设的重要抓手和首要目标。不仅如此，国际宣发、国际传播的开放也打开了数字传播的国际市场，为出版商提供了更多的市场机会，在供需关系带来的经济效益的推动下，数字出版将迎来更大的发展空间。因此，从国际宣发的角度来看，数字出版未来高速前进是无疑的。

二、数字出版人才需求日益强烈

（一）数字出版业对复合型人才的渴求

不论是从政府、高校，还是从企业的角度来培养新时代背景下的数字出版人才，培养的初衷都是不变的，即通过多元化的方式来培养出复合型的数字出版人才。从信息技术以其强大的能力促使各行各业融合发展开始，"复合型人才"就成为许多领域人才培养的重要方向之一。在数字出版领域，复合型人才显得更为重要，因为数字出版本质上属于信息与内容生产行业，其为社会提供阅读的资料，追求最大化地满足人们的信息需求，这种服务于整个社会的宏观视角注定了数字出版人才的培养需要更加重视综合性。具体而言，数字出版领域的复合型人才理应具备多种专业知识和技能，包括数字技术能力、内容策划和编辑能力、市场营销和推广能力、版权保护和管理能力以及国际化视野和跨文化沟通能力等，这些素质和能力是他们在数字出版领域出类拔萃的前提和基础。这也奠定了数字出版业对复合型人才的强烈渴求。

（二）数字出版业对高质量人才的渴求

如果说数字出版的复合型人才侧重于技能的掌握和专业知识的积累，那么高质量人才则是侧重于知识内涵的延伸以及人文情怀的升华。开放性地培养数字出版的高质量人才，首先需要明确开放性的人才视野。高质量数字出版人才需要具备贯通古今的能力，即洞悉历史与现在的辩证关系，能够通过历史来观照现在、观照将来；高质量数字出版人才需要放眼中外，将国家的命运与整个世界的命运联系在一起；高质量数字出版人才需要联通上下，将微观个体的意愿与想法传递到宏观的层面上来，既要往上把握时代变革、国家立意，又要往下贴近人民、贴近生活。其次，还需要明确高质量数字出版人才能力的开放性。在多种纵深方向的能力培养中，他们尤其需要具备敏锐的政治能力，需要以中国特色的马克思主义出版观来武装头脑、指导实践，进而推动出版工作的稳健发展。数字出版领域的高质量人才是产出高质量出版内容的主力军，他们的文章能引领人，他们的人格魅力能吸引人，他们的精神能感染人。这样的高质量人才是数字出版业在任何时代背景下都渴求的对象。

总之，新时代的含义不是狭隘的，其没有具体的时间指向，而代表一种处于变化中的、日新月异的社会发展状态；其代表着技术层面的无尽可能，也代表着数字出版行业的无尽可能。在此过程中，通过多元化的方式培养数字出版复合型人才，通过开放性的方式培养数字出版高质量人才应一以贯之。

参考文献 | REFERENCES

[1] 陈生明.数字出版理论与实践 [M].北京：人民教育出版社，2009.

[2] 崔海教.2021—2022 中国数字出版产业年度报告 [M].北京：中国书籍出版社，
2022.

[3] 富雅青.媒介融合背景下高校编辑出版专业人才培养研究 [D].武汉：武汉理
工大学，2016.

[4] 葛存山，张志林，黄孝章.数字出版的概念和运作模式分析 [J].北京印刷学院
学报，2008（5）：1-4.

[5] 关萍萍.我国电子出版业政策发展历程审视：以 96 版、97 版及 07 版电子出
版管理政策为例 [J].现代视听，2011（5）：28-33.

[6] 贺子岳.数字出版导论 [M].武汉：武汉大学出版社，2022.

[7] 贺子岳.数字出版形态研究 [M].武汉：武汉大学出版社，2015.

[8] 胡太春，金梦玉.编辑出版实务：由传统出版到数字出版 [M].北京：中国广
播影视出版社，2020.

[9] 华鹰.数字出版版权保护法律制度研究 [M].北京：科学出版社，2018.

[10] 李苓.数字出版学概论 [M].成都：四川大学出版社，2017.

[11] 梁徐静.数字出版与知识付费 [M].广州：中山大学出版社，2020.

[12] 刘运峰，李广欣.媒介融合时代的编辑与出版 [M].天津：南开大学出版社，
2016.

[13] 孙菊.数字出版时代大学出版的路径创新 [M].秦皇岛：燕山大学出版社，
2020.

[14] 万安伦，吕建生.数字出版导论 [M].北京：北京师范大学出版社，2021.

[15] 万安伦.数字出版研究：运行模式与发展趋势 [M].北京：中国传媒大学出版社，2017.

[16] 吴永凯，许波，刘丽丽.数字出版的困境与对策 [M].北京：台海出版社，2017.

[17] 谢廖斌.图书出版数字化转型研究 [M].成都：西南财经大学出版社，2014.

[18] 谢新洲.数字出版技术 [M].北京：北京大学出版社，2002.

[19] 徐丽芳，陈铭，赵雨婷.数字出版概论 [M].武汉：武汉大学出版社，2022.

[20] 阎晓宏.关于出版、数字出版和版权的几个问题 [J].现代出版，2013（3）：5-9.

[21] 姚海根，郝清霞，郑亮，等.数字印前技术 [M].北京：印刷工业出版社，2012.

[22] 余林.数字出版产业导论 [M].武汉：武汉大学出版社，2022.

[23] 张立.数字出版学导论 [M].北京：中国书籍出版社，2015.

[24] 张立.数字内容管理与出版流程再造 [J].出版参考，2007（Z1）：28.

[25] 张苗苗.数字出版人才培养研究 [D].西安：西安工业大学，2018.

[26] 张文忠，朱军.编辑工作与出版人才培养探索 [M].上海：上海大学出版社，2021.

[27] 张新新.变革时代的数字出版 [M].北京：知识产权出版社，2016.

[28] 张志林.数字出版人才培养研究 [M].北京：商务印书馆国际有限公司，2011.

[29] 赵晨阳.我国数字出版人才培养路径研究 [D].成都：四川师范大学，2013.

[30] 赵海宁.数字出版人才知识能力结构探析 [D].北京：北京印刷学院，2009.